球数制限

野球の未来が危ない！

広尾 晃

Koh Hiroo

ビジネス社

はじめに

筆者は2016（平成28）年、『野球崩壊 深刻化する「野球離れ」を食い止めろ！』（イースト・プレス刊）という本を上梓《じょうし》した。取材では、特に若年層の競技人口やファン人口が激減していることに衝撃を受けた。

近年「野球離れ」への取り組みは、全国で始まり、筆者も各地に取材に出かけた。こうした活動は頼もしいものではあったが、野球界の根本的な構造は変わらなかった。

とりわけ「高校野球」は、世界で最も成功したアマチュア野球でもあり、同時に様々な問題を内包していたが、変化の兆しはなかった。

しかし2018（平成30）年の酷暑の中での甲子園が問題視されたことがきっかけとなって「球数制限」議論が起こり、日本高野連は「有識者会議」で、高校球児の健康問題を議論することとなった。

これを好機として高校野球、そして日本野球の改革の機運を喚起すべく、急遽《きゅうきょ》この本を上梓することとした。そして取材などで知己を得た多くの野球関係者、医師、専門家にインタビューを試みた。急な依頼にもかかわらず快諾してくださった各位に深謝する。

論点は「高校野球の球数制限」だけではなく、「球数制限全般」「高校野球、少年野球の体質」までレンジを広げ、広範な意見を集成した。同じ方向を向いた意見だけでなく、できるだけ多彩な意見も集めた。「問題意識」は同じでも「方法論」は違って当然だからだ。

思い立ってから2カ月という短期間でまとめたので、拙速の批判は甘受する。すべては私の力量不足による。

しかし、それでも「球数制限」の背景に、どんな問題が存在し、解決に向けてどんな方法論があるかを一通り提示することはできたと思う。

野球関係者、そして野球ファンにぜひ読んでいただきたいが、同時に日本高野連の「投手の障害予防に関する有識者会議」の有識者各位にも一読いただきたいと考えている。

有識者会議の方々の中には、取材をした人、面識のある人もいるが、今回はあえてどなたにも取材しなかったのは、このことによる。

本書は主として筆者によるインタビューと他の書き手の寄稿によって成っているが、タイトル下に取材対象や著者名がない記事は、筆者の手になるものだ。

また、今回は、取材した内容の一部をネットメディアでも記事として公開した。より多くの人に「球数制限論」を知っていただきたいと思ったからだ。

「球数制限」をきっかけとして「野球の未来」に向けて多くの人による豊かな議論が巻き起こることを期待している。


（本文敬称略）

はじめに　2

序章　とにかく、議論を深めよう
かみ合わない「球数制限」議論　8

1章　なぜ「球数制限」は問題になったのか
「球数制限」議論の推移　22
論1　1991年、大野倫の夏　32
論2　甲子園に導入されたメディカルチェック　38
論3　牧野直隆第4代高野連会長が投げかけた問い　44
論4　ジェフ・パッサンが見た安樂智大と立田将太　47
論5　「残酷ショー」としての高校野球［松谷創一郎］　54
論6　氏原英明「投手の健康を本気で考えている指導者はいない」　63
論7　新潟県高野連の「挑戦」　72

2章 医学的側面から見た「球数制限」

野球少年たちは、医療と指導者の不幸な関係の「被害者」だ ―― 78
論1 古島弘三「指導者と親の意識改革が必要」―― 80
論2 馬見塚尚孝「投球障害のリスクを考えよ」―― 90
論3 松浦哲也「『球数制限』は野球改革の第一歩」―― 98
論4 立花龍司「17歳までの年齢計画を立てるべき」―― 103
論5 トレーナーから見た「投球制限」［井脇毅］―― 109

3章 高校野球が迎えた危機

そこにプレイヤーファーストはあるのか ―― 124
論1 上田誠「問題は高校野球の『文化』」―― 126
論2 小林敬一良「将来ある投手を潰す指導者は、たとえ甲子園に何回出ても資質はない」―― 136
論3 小山克仁「待球作戦は誰のためにもならない」―― 142
論4 荻野忠寛「高校野球の伝統を守るために変わる必要がある」―― 150

4章 変わる少年野球の世界

「待ったなし」の危機的状況にある少年野球 162
論1 瀬野竜之介「私たちから変えていこう」 164
論2 那須勇元 ポニーリーグで始まった球数制限 173
論3 世界に先駆けて球数制限を導入したリトルリーグ 183
論4 宗像豊巳「野球離れ」を食い止めるためにも必要
——学童野球は変わり始めている 190
論5 4連投に全試合登板……酷使は女子野球にも［大森雄貴］ 197

5章 ガラパゴス化する高校野球

世界から見た日本野球の特殊性 206
論1 MLBが導入したピッチスマートとは何か 208
論2 台湾と韓国の球数制限［豊川遼］ 212
台湾の「球数制限」 212
韓国の「球数制限」 216

論3 阪長友仁 ドミニカ共和国と、日本の野球では「フォーカスしているもの」が違っている ―― 221

6章

「球数制限」の議論は「始球式」に過ぎない

「球数制限」議論の核心とは？ ―― 232

論1 桑田真澄 「『球数制限』導入まで何年もかかるのはおかしい。実行あるのみ」 ―― 236

論2 中村聡宏 「今の野球に『スポーツマンシップ』があると言えるのか」 ―― 238

論3 鈴木大地スポーツ庁長官 「野球の未来のために球界全体で考えるべき」 ―― 246

おわりに ―― 254

初出一覧 ―― 253

参考文献 ―― 255

序章 とにかく、議論を深めよう

かみ合わない「球数制限」議論

判で押したような「野球人」たちの「球数制限論」

2018（平成30）年8月、酷暑の中での夏の甲子園は、準優勝した金足農・吉田輝星の力投に日本中の注目が集まったが、同時に地方大会から1517球、甲子園で881球を投げたことが賛否両論を呼んだ。

このことが直接のきっかけとなって「球数制限」の議論が巻き起こるのだが、その過程で、かつて甲子園やプロ野球で大活躍した元選手の評論家が発言した。

野球人たちの発言は、判で押したように画一的で、同工異曲と言っても良いものだった。そして「球数制限」などする必要がないと、一蹴するような内容だった。

野球ファンの筆者にとっては、雲の上のような往年の大選手たちの発言は率直に言ってかなりショックなものだった。

彼ら野球人の発言を読むと、「球数制限」の議論について、実態をほとんど理解しないままに意見を言っているという印象を持った。

自身の成功体験からの意見が多い

こうした意見を発信する野球人は、プロ野球の成功者だ。自らの努力、才能で可能性を拓《ひら》き、プロ野球界の頂点に立った元選手たちだ。その努力、研鑽《けんさん》が極めてレベルの高いものだったのは想像に難くない。

プロ野球中継での解説では、そうした自らの得難い経験に基づく評論が、多くの野球ファンの耳目を集めている。「なるほど」と思わせる卓見、含蓄のある言葉も多い。またプレーに対する鋭い批評も聞きごたえがある。

しかしながら「球数制限」の問題は、プロ野球とは異なり、「成功者」あるいは「成功者予備軍」のエリート選手だけの話ではない。日本に15万人弱いる「高校球児」、そしておそらくその2割ほどいる投手の問題だ。さらに中学以下の少年野球にも大きな影響を与える。「球数制限」の話は「球児をどう守るか」がテーマであり、「成功するための秘訣《ひけつ》、方法論」や「技術論」で語ることには、あまり意味がない。

成功する選手のことばかり語っていると、そこから脱落する選手のことは見えなくなる。「球数制限」論は、すべての野球選手に満足な競技生活を送ってもらうにはどうすればよいか、という視点で語るべきものなのだ。

「野球医学」に対する知識のなさ

日本は、トップクラスの医療大国の一つだ。整形外科分野の医療水準も極めて高い。

野球少年の健康被害は、戦後早くの段階から医学界では問題視されていた。そして医師は子どもの肩・肘の障害が、過度な練習や、試合の酷使によるものであることを早くから指摘していた。

現在では、野球選手の故障はほぼすべて、医学的に解明されている。故障に至るメカニズムもわかり、治療法も、リハビリテーション法も様々な手段が開発されている。

しかし、著名な野球人は、医学界とは無縁のように思われる。医師に野球障害について話を聞くような機会はなかったのではないのか。何人かの評論家が口にした「なぜ100球で制限するのだ」という言葉からは、医療の面からの「球数制限」論への理解が決定的に欠けている。

日本の野球界は「水を飲むな」「投手は重たいものを持つな」「腕を冷やすな」など、科学的根拠のない独自の調整法で長らくやってきた。「正しいフォームで投げればケガをしない」というのもそうした「信仰」の一つだ。

これらの〝野球界の常識〟がまかり通った昭和中期と、今では状況が大きく異なっている。確かに医学の問題は難解で厳密さを求められるため、素人では理解が難しいものも多い。しかしプロの解説者、評論家であればせめて最低でもスポーツ医学の「常識」を学んだうえで発言していただきたいと思う。

スポーツの価値観の変化に疎《うと》い

2011年に制定されたスポーツ基本法には、「スポーツは、心身の健康の保持増進にも重要な役割を果たすものであり、健康で活力に満ちた長寿社会の実現に不可欠である」という条文がある。日本においてスポーツはすべからく「生涯スポーツ」であり、「怪我《けが》をするまでやり抜いて、それで終わり」はありえない。

JFA（日本サッカー協会）は、2014年「グラスルーツ宣言」を行った。この中には「『引退なし』賛同パートナー」として、「学校卒業、就職、転勤等、人生の節目で『引退』して終わるのではなく、サッカーをやりたい人は、どこにいても気軽にサッカーが継続できるように、子供からお年寄りまで、生涯にわたってサッカーやスポーツを楽しめる場づくりに取り組んでいる団体を認定します」と生涯スポーツをサポートしている。

野球の競技人口が激減する中「高校を卒業したら野球も卒業」という現状を改めていく必要がある。野球も他のスポーツと同様、生涯スポーツにならなければならない。

野球は競争に勝った勝利者だけのスポーツではない。この前提を理解している野球人が非常に少ないのも誠に残念なことだ。

世界の動きに無関心

世界のスポーツ界は今、大きく動いている。あらゆるスポーツは国際化が進み、一国の範囲では収まらなくなっている。各競技の改革も、国境を越えて進行する。野球界の「球数制限」の問題も、アメリカや他の国との関連で考えなければならない。「アメリカにはアメリカのやり方がある。日本は日本」という意見は、現実から目をそらしているといわれても仕方がない。

今や、日本野球はいろいろな意味で「ガラパゴス化」しつつある。そしてそのことが、世界に雄飛したい若者の可能性を閉ざしかねない。

さらに言えば日本流の「根性」は、もはや完全に時代遅れになっている。世界のスポーツは、スポーツマンシップと「科学」を価値基準として成り立っている。日本でしか通用しない精神論で今のスポーツを語るのは、誠に空疎なことだと思う。

日本ではスポーツマンシップについて理解している人が、驚くほど少ない。それは野球解説者も同様だ。そのことが日本スポーツの将来に大きな禍根を残す可能性があると思う。

深刻な「情報の非対称」

この本の取材をはじめて痛感したのは「情報の非対称」だ。

高校野球やそれ以下の少年野球の現場で、選手の健康被害に深刻な危機感を抱いている指導者や医療関係者がいる一方で、そうした現実を全く知らない「野球の専門家」がいる。

これは本当に不幸なことだと思う。

著名な野球人の中には、「野球をやったこともないのに何がわかる」という人がいるかもしれないが、「野球をやった人」「よく知っている人」に「野球の未来」を任せておいてよいのか、という気がしてくる。「野球をやった人」は今の日本野球の実態について、本当に把握しているといえるだろうか？

筆者は今回の取材を進める中で「球数制限」の議論は「決める」「決着をつける」こと以上に、「深める」ことが重要だと痛感している。

医療関係者の中には、若い野球選手の健康被害をつぶさに見て、何らかの対策の必要性を訴えながらも「球数制限」という方法論には懐疑的な人もいるのだ。そういう人と「推進派」との議論は実質的で有意義だとは思うが、現実をほとんど知らないままに「球数制限なんか必要ない」という次元の人との議論は不毛でしかないと思う。

賛否いずれの立場であるにせよ、せめて同程度の「知識」を理解した上で、議論を深めていただきたい。そういう思いで、本書を書いた次第だ。

元プロ野球選手の「反対論」

「球数制限」に対し、どのような異論があるのか。元プロ野球選手の主張を中心に振り返ってみたい。

川口和久「これ、なんの意味があるのかな」

『週刊ベースボール』2019年1月7日・14日号

新潟の高野連が発表した「投球制限100球」。これ、なんの意味があるのかな。突っ込みどころがたくさんある。たとえば春の大会限定になんの意味があるの？　夏は別となると、肩ひじを守るという名目が怪しくなるよね。

何より、ひたむきに勝利に向かっていくという高校野球の魅力が薄れてしまうんじゃないかな。あとは100球となると投手を2、3人用意することになる。夏も球数制限を設けたら、今までは部員の少ない公立高でもエースの力で甲子園に勝ち進むことがあったけど難しくなる。しかもエースが荒れ球で球数が多いタイプだったら、5回くらいで引っ込んで、その後が滅多打ちをくらい、プロで活躍する可能性を持つ逸材が日の目を見ずに消えてしまうことがあるかもしれない。

それに全員がプロに行くわけじゃない。高校で野球を終わるつもりで頑張った子が、その集大成の試合で球数で降板し、試合は逆転負けし、「ああやり切った」と思えるのかな。部員数を食い止めたいともあったけど、逆効果じゃないかな。

もう一つ言うなら、99球なら壊れないの？　タフな子もいるし、成長痛などで球数投げないほうがいい子もいる。それを見極めながら、やり繰りしていくのも監督の仕事じゃないかな。

選手の肩、ひじを守りたいなら、まずは〝投げ方〟をきちんと指導してほしい。俺が高校野球を見ていて「危ないな、この投げ方」と思うときはよくある。きつい言い方になるけど、それを球数だけの問題にして「100球投げさせなかったから、壊れても僕らの責任じゃない」になってしまいそうな気がする。

箱根駅伝で「山登りの5区は選手の体に負担が大きいから今年からやめました」と言ったら、みんなガッカリするでしょ。少なくとも、やるべき策をすべてやってから話だと俺は思う。

野村克也「本物の投手は本当に育つのか」

『ベースボールチャンネル』2019年4月9日付

根性論ではなく理性的な意欲

「投手の球数制限」についても私は反対のスタンスである。たしかにとくに球数制限の議論を進めていくと、「投げ込むことが悪い」と思える空気感が蔓延《まんえん》しているように思える。

それでは投手は投げ込みをしてはならないのか。答えは「ノー」だ。

「肩は消耗品」と言われ、大リーグは「投げすぎると筋肉を痛める」という考え方が主流になりつつあるが、ある程度の球数を投げなければ、今より高いレベルに到達するのは不可能なのは間違いない。

野球においての技術を習得するとき、「もう限界だ」という場面は必ずやってくる。そこで必死になって壁を乗り越えていく。すると、また次の段階が見えてくる。

突き進んでは乗り越えて、また突き進んでは乗り越える――。

この訓練を日々、繰り返していくと、気がつけば自分のレベルが最初の頃と比べてはるかに高いレベルに到達していることがわかる。壁を乗り越えられず、「もう限界だ」と思って挑戦することを止《や》めてしまったら、その時点で成長することも止まってしまう。

一見、根性論のように聞こえるかもしれないが、そうではない。あくまでも選手が「もっとうまくなりたい。そのために練習するしかない」という理性的な意欲のことを指しているのだ。

技術を磨くとき、最初に学んでおくべき技術面の理論はある。これは自分の能力向上にかかわることだから、独学でやっているよりもしかるべき指導者の下できちんと学んでおくべきだ。

だが、実際に技術を磨いていくと、理論だけでは解決できない場面がやってくる。頭では理論は分かっているものの、体が頭に追いついていかない。「腕を鋭く振り抜きなさい」と言っても、どの程度鋭く振ればいいのか、今一つ分からない。

そこで、「どうすれば自分の体に、正しい技術を刷り込ませることができるのか」という次のステップに進む。

（中略）

とくに投手は、若いうちは技術的に未熟である。それだけにクタクタに疲れるまで練習を行わせるべきだが、「投げすぎは肩やひじによくない」というもっともらしい理由で選手の練習にブレーキをかけてしまうと、間違いなく成長が止まってしまう。それで一番損をし、後々後悔するのは選手本人であるに違いない。

２０１８年の夏の甲子園では、金足農業の吉田輝星（現日本ハム）が注目された。決勝では大差で負けたが、彼の活躍なくしてこの学校の準優勝はあり得なかった。それを「球数制限」という理由だけで括《くく》ってしまうと、彼のようなワンマンチームの学校は甲子園はおろか、県大会までに負けてしまうことだって十分に考えられる。それが果たして選手たちのためになっていることなのだろうか？

もし試合での球数制限を設けるというのであれば、普段の練習時から球数制限を設けるべきだ。「1日50球」、あるいは「１００球以上投げたら、翌日は投げてはいけない」など、やってみるべきだろうが、それで本当に好投手が育つのか。私は疑問の念を禁じ得ない。

温室でヌクヌク育てたような投手ばかりでは、誰もがアッと言うような「本物の投手」が出てくるとは思えない。ハイレベルな投手を誕生させるには球数制限を行うことが有効な方法なのか、今一度議論してほしいところだ。

山田久志「球数制限に反対　ドラマ化消え私学有利に」

『日刊スポーツ』2019年4月21日付

球数制限は反対だね。高校野球でこれをやる必要性はまったく感じない。日本高野連が投球数の制限を本格的に論議するようだ。これをやりだすとピッチャーも育たないし、試合ができなくなる。

昨年12月、新潟県高野連が独自に投球数制限の導入を決めたことがきっかけらしい。ピッチャーのことがわかっているのか理解に苦しむね。いったいこの球数制限って、だれが言い出したんだい？

プロ野球がメジャーリーグをまねて100球でピッチャーを代えるのが当たり前のようになっている。なんでもメジャーのマネをすればいいってもんじゃない。これがまたアマチュアに〝伝染〟したってことか。

高校野球のドラマ化は消えてしまうだろ。昨夏は秋田の金足農・吉田輝星が地方大会を1人で投げ抜き、甲子園でも881球を投じた。決勝の大阪桐蔭戦では力尽きたが、農業高、公立の星として野球ファンを感動させてくれた。

横浜・松坂大輔、早実・斎藤佑樹、駒大苫小牧・田中将大らが甲子園を沸かせた。さらにさかのぼると徳島商の板東英二さんも今でいうなら登板過多ということになるだろう。しかし今でもその熱いドラマは球史に輝き語り継がれているではないか。

球数、投球回数などを制限すると、私学と違って公立や地方の高校は複数の投手をそろえることができない。田舎で部員20人ぐらいの高校では、全員にピッチャーの指導をしなくちゃいけないのか？　それを言いだすなら部員数も合わせるべきだろ。

わたしは今、ヤングリーグ（一般社団法人全日本少年硬式野球連盟）の会長を務めているが、素晴らしい体格で高校生に見劣りしない中学生も目にする。高校1年から活躍する選手がでてくるのがわかる気がする。ここまでは球数制限すべきだが、その上からはいらない。

球数制限をする理由は「投手の障害予防」のようだ。そんなのはピッチャーのことを知らない専門家が言ってることで、問題はそこじゃない。まったくわかっとらんよ。ピッチャーが勝つために投げて、肩、肘に負担がかかるのは当たり前だろ。

それを練習のし過ぎはあかん、投げすぎはあかんって、そっちに問題をもっていくか。教え方が良ければなんぼ投げても大丈夫。肩、肘にストレスのかからない投げ方を教える、ちゃんと野球を教えることのできる指導者こそ育てるべきで、そこの議論が欠けてはいないか。

甲子園で多投した投手のその後

球数	投手	甲子園大会	プロ（NPB)での実績
948球	斎藤佑樹	2006年夏・早実	15勝25敗 防御率4.35
882球	吉田輝星	2018年夏・金足農	1勝1敗 防御率6.75
820球	川口知哉	1997年夏・平安	0勝1敗 防御率3.75
814球	今井重太朗	2014年夏・三重	大学在学中
783球	島袋洋奨	2010年夏・興南	0勝0敗防御率0.00
767球	松坂大輔	1998年夏・横浜	114勝64敗 防御率2.99
			MLB56 勝43敗 防御率4.45
773球	大野倫	1991年夏・沖縄水産	打者転向
772球	安樂智大	2013年春・済美	5勝14敗 防御率4.12
766球	吉永健太朗	2011年夏・日大三	プロ入りせず
742球	福岡真一郎	1994年夏・樟南	プロ入りせず
713球	古岡基紀	1998年夏・京都成章	プロ入りせず
708球	正田樹	1999年夏・桐生第一	25勝38敗防御率4.70

※正田は独立リーグ四国アイランドリーグplusの愛媛で現役続行

1991年以降、甲子園で700球以上投げた投手は12人いるが、プロで100勝以上したのは松坂大輔だけ。多くは不本意な成績となっている。

1章

なぜ「球数制限」は問題になったのか

日本野球では投手の「投球過多」は、草創期から見られたが、長い間、問題とはみなされてこなかった。しかし、社会が変容し、スポーツの在り方が見直される中で問題視されるようになったのだ。そういう意味では「球数制限」問題は「顕在化した」というのが正しいと思う。この章の総論では「顕在化」への経緯と、有識者会議が発足するまでについて俯瞰《ふかん》する。

各論では、「球数制限」問題が顕在化する過程で行われた議論を紹介する。

「球数制限」議論の推移

輝かしい「エースシステム」が作った日本野球の歴史

高校野球では、ごく最近まで1人のエースが試合で先発完投するのが普通だった。完投すれば130球を投げることも珍しくない。また、高校野球の大会は、ほとんどがトーナメント制であるために、エースは短い登板間隔で、多くの球数を投げなければならない。これによる投手の肩、肘などの健康被害を回避するために、1試合での投球数を制限すべきだ、というのが「球数制限」の主旨である。

日本に野球が伝来したのは1872（明治5）年前後とされる、以来140年余が経ったが、日本の野球はごく初期の段階から、一人の投手＝エースを中心に守り勝つのが本格だとされてきた。草創期から、投手は「登板過多」「投球数過多」にさらされてきた。当然、健康被害も多かったが、それは全く問題視されなかった。むしろ、そうしたエースを中心に守って勝つ野球（＝以後、「エースシステム」と呼称する）が、野球の醍醐《だいごみ》味だとされ、メディアもファンも多くの球数を投げぬいて勝利をつかんだエースを称賛してきた。その過程では、今も昔も多くの選手がケガ、故障をして投手、あるいは野球を断念してきたが、これを問題視する声もほとんどなかった。

大学野球、中等学校野球（のちの高校野球）、プロ野球、社会人野球、すべての日本野球のカテゴリーの歴史は輝かしい「エースシステム」の歴史だった。日本野球のドラマとは「投手が腕も折れよ、と投げ続けるドラマ」だったのだ。その図式は、戦後になっても全く変わらなかった。甲子園では毎年のように「エース」が登場し、その活躍が大きく報道された。

医療の世界では、小、中、高生の肩、肘、腰の健康障害は1970年代から問題視され、1990年代には「野球肘検診」が始まっていたが、子どもの肩、肘を守ろうという動きは、野球界では極めて限定的だった。

甲子園に「メディカルチェック」を導入

「エースシステム」による投手の過酷な登板と、それによる健康被害が初めて問題視されたのは、1991（平成3）年夏の甲子園だった。

この大会で沖縄代表、沖縄水産高校は2年連続の決勝戦に進み、沖縄勢初の優勝に挑んだが、創部4年目の大阪代表、大阪桐蔭高校に8対13で敗退した。大会後、予選から一人で投げぬいてきた沖縄水産のエース大野倫の右肘が疲労骨折していたことがわかった。当時の日本高野連会長の牧野直隆はこれを深刻に受け止め、甲子園大会前に出場校の投手の肩肘の「メディカルチェック」を導入することを決定。1年の試行期間を経て1994（平成6）年から、春夏の甲子園に出場が決まった選手は、大阪大学整形外科系の医師によるメディカルチェックを受けることとなった。またこの年の春の甲子園から投手数の増加に対応するためベンチ入り人数は15人から16人に増えた。

甲子園大会でのメディカルチェックは、あくまで「甲子園大会期間中の怪我、故障を防ぐ」ことが目的ではあったが、各校の指導者は甲子園大会前に投手のノースロー期間を設けるなど、健康面に配慮するようになった。その面では一定の効果があったといえよう。

また、この時期、すでに各地の整形外科医からは高校以下の野球での「投手の投げすぎ」によるＯＣＤ（離断性骨軟骨炎）などの健康被害についての報告が上がっていたが、高校野球界に「選手の健康問題」が存在することを知らしめたことも大きかった。

ただしマスメディアの報道は、限定的だった。事の重要性を十分に理解しているとは言い難い記事が多かった。

牧野直隆は過酷な練習環境も憂慮し「休むこと」の重要性を説くなど開明的な施策を打ち出した。さらに「勝利至上主義」も否定していた。しかしその後の高野連、高校野球界の動きを見ると、牧野の意図は十分に理解され、継承されたとは言えない。

「メディカルチェック」導入後も続いた「エースシステム」

「メディカルチェック」が導入されて以降も、1人のエースが大会を投げぬいて大活躍するシーンは何度も見られた。

1998（平成10）年、神奈川県代表横浜高校は、春夏の甲子園連覇を果たす。エースの松坂大輔は両大会をほとんど一人で投げぬいた。

横浜高校の渡辺元智監督は、春の大会後、松坂に1カ月のノースローを課したが、夏も松坂一人にマウンドをほぼ委ねた。松坂大輔は、夏の甲子園では、6試合のうち5試合で完投し、

767球を投げた。8月20日、準々決勝の大阪代表PL学園戦は乱戦となったが松坂は延長17回を一人で投げぬいた。球数は250球を超えた。翌21日の準決勝の高知県代表明徳義塾高校戦は9回の1イニングだけ投げ、さらに、22日の京都代表京都成章高校との決勝戦ではノーヒットノーランを演じている。翌日の朝日新聞の講評で記者の岸本千秋は「これには恐れ入った」と書いている。少なくともこの時の主要なメディアで松坂大輔の「健康への懸念」に言及したものはなかった。

8年後の2006（平成18）年、夏の甲子園で西東京代表早稲田実業高校の斎藤佑樹は、1回戦から好投を続け、8月20日、史上初の「夏3連覇」に挑むエース田中将大を擁する南北海道代表駒大苫小牧高校と決勝で対戦。試合は延長15回1対1で決着がつかず、翌21日の再試合で、早稲田実業は4対3で駒大苫小牧を下した。

駒大苫小牧は、田中のほかに菊地翔太という控え投手も投げたが、早稲田実業は、斎藤が一人で投げ、甲子園での投球数は948球に達した。これは春夏通じて甲子園史上最多だ。斎藤の活躍に、日本中が絶賛の声を寄せた。斎藤は、「ハンカチ王子」の称号をつけられアイドルになった。

このときの朝日新聞の講評も斎藤を「恐るべき体力、知力に精神力。早稲田実・斎藤の全身に蓄えたエネルギーに驚かされた」と書いている。この記事を書いた記者の井上明は高校時代に愛媛代表松山商のエースとして1969（昭和44）年の夏の甲子園決勝で青森代表三沢高の太田幸司と再試合を含む2試合で投げあった好投手だ。甲子園の決勝戦での引き分け再試合は、この2例しかない。

新聞を中心とする日本の高校野球メディアは、自らが「当事者」「主催者側」であることもあって、投手の登板過多について健康面での懸念を示すことは、ほとんどなかった。

「外圧」によってクローズアップされた「投手の酷使」

こうした論調に変化が生じたのは、ようやく2013（平成25）年になってからだ。

この年春の甲子園で、愛媛県の済美高校の2年生エース安樂智大は、1回戦から決勝までを投げぬき、延長13回を含む46回を投げ、球数は772球に上った。

これに米野球専門誌のベースボール・アメリカが「世界で最高の16歳投手の1人だが、正気の沙汰《さた》ではない球数」と報道。CBSスポーツ電子版も同様の指摘をした。同時期に米Yahoo!Sports記者のジェフ・パッサンも「若い投手を壊す日本野球の信念」と題し、日本の高校野球に批判的な記事を執筆。これらをきっかけとして、日本のメディアも、「過酷な登板」について言及するようになった。安樂の済美は準優勝に終わったが、春の甲子園の主催メディアである毎日新聞は、優勝翌日の大会講評で記者の新井隆一が「16歳の投手が3日連投を含む5試合で772球投げたことは、未完成の肩肘を壊す懸念もあり、その是非も論議を呼んだ」とはじめて投手の健康問題に言及した。

主として海外メディアの報道、いわば〝外圧〟によって、高校球児の「登板過多」「投球数過多」の問題が顕在化したのだ。

この時期に、米のメディアが日本の高校生の登板過多にここまで注目したのは、アメリカでも少年投手の「酷使」が問題化していたからだと思われる。MLBはこの直後に、年齢別の投球制限に関するガイドライン「ピッチスマート」を導入するに至る。

米メディアの安樂智大への注目は、この年夏の甲子園、さらには安樂が3年生になった翌年まで続いた。安樂本人が米メディアに挑発的なコメントをしたこともあって、この問題を通じて、日米の「野球観」の違いがくっきりと浮き彫りになった。

2014年（平成26）年夏の大会では、準優勝した三重代表三重の左腕今井重太朗が814球を投げた。

さらにこの年は、全国高校軟式野球選手権大会・準決勝で、岐阜・中京高校と広島・崇徳高校が延長50回4日間にわたって戦い、双方の投手が二人合わせて1398球を投げるという事態が起き、高校野球の「健康管理」が大きな問題となった。ライター、リサーチャーの松谷創一郎は、これを「残酷ショー」と書いた記事をネットに上げて大きな反響を呼ぶなど、高校球児の健康に関する問題意識が高まった。

安樂を追いかけた米メディアの一人であるジェフ・パッサンは、2017（平成29）年3月に『豪腕』（原題〝The Arm〟）を上梓、この本で、ジェフ・パッサンは1章を設け、日本の高校野球が、米や世界の少年野球に比べていかに特殊か、とりわけ投手の「健康被害」についていかに無頓着であるかを紹介した。この本は日本でも翻訳され、大きな反響を呼んだ。

金足農、吉田輝星の881球

しかし、2015（平成27）年以降、「投手の酷使」の問題はやや下火になる。以後、春夏甲子園を通じて700球以上を投げた投手は、2018（平成30）年まで出てこなかった。大阪桐蔭をはじめとする私学強豪校の多くは複数の投手を擁し、一人の投手の負担が軽減されるよう配慮するようになっていた。申し合わせをしたわけではないだろうが、この時期に有力な私学は実質的に「エースシステム」を廃して、「（複数の投手による）分業システム」へと移行していたのだ。そんな中で、投手力に余裕がない一部の私学や公立の有力校は依然として「エースシステム」に頼っていた。

「エースシステム」と「分業システム」。高校野球の二つの在り方がぶつかり合ったのが、2018（平成30）年の夏の甲子園だった。

この夏、日本は異常気象に見舞われていた。高校球児を取り巻く環境は厳しさを増していた。異常高温注意報が発令され、テレビが「不要不急の外出」の自粛を呼びかけるなかで、夏の甲子園は始まった。熱中症で倒れる選手や審判が出たが、金足農業の吉田輝星は、地方大会から全国大会の決勝戦の途中までを一人で投げぬいた。吉田の人気は沸騰した。

決勝の相手は、史上初の夏・春・夏の3連覇がかかる大阪桐蔭。こちらは柿木蓮、根尾昂、横川凱と、この秋のプロ野球ドラフト会議でそろって指名された有望3投手を擁し、「分業システム」で勝ち抜いてきた。

両校の対決には日本中が固唾を呑《の》んだが、結果は大阪桐蔭の圧勝に終わった。吉田は１３２球5回12失点で降板した。吉田の投球数は甲子園だけで８８１球。地方大会を含めると１５１７球に上った。

８月21日の閉会式で高野連の八田英二会長は「秋田大会からひとりでマウンドを守る吉田投手を他の選手が盛り立てる姿は目標に向かって全員が一丸となる高校野球のお手本のようなチームでした」と語ったが、激しい批判の声も巻き上がった。

この大会前に、スポーツライターの氏原英明が『甲子園という病』（新潮新書）という本を上梓し、「勝利至上主義」に走って選手の健康や将来を顧みない高校野球界を厳しく非難し、大きな反響を呼んでいた。

その直後の大会での吉田輝星の「酷使」だっただけに、議論はかつてない広汎なものになっていった。弁護士の橋下徹、Jリーグファウンダーで日本トップリーグ連盟機構会長の川淵三郎なども、高校野球の酷使の問題に言及した。

吉田輝星は、10月のプロ野球ドラフト会議で北海道日本ハムファイターズから1位指名を受けて、プロ入りした。

新潟県高野連の「球数制限」と有識者会議

問題意識が高まる中で、２０１８（平成30）年12月、新潟県高野連が２０１９年春の新潟県大会で各投手の試合での投球数を「１００球」に制限する「球数制限」を試験的に導入すると発表した。新潟県高野連会長の富樫信浩は会議の後、記者団に「将来ある子どもたちが、途中で野球を断念してしまわないようにするのがわれわれのするべきこと」と話した。

日本高野連は、翌2019（平成31）年1月7日、新潟県高野連専務理事の杵鞭義孝を大阪に呼び、事情説明を受けた。これを受けて9日の日本高野連業務運営委員会で議論されたが、否定的な意見が多かった。

一方で、1月5日に群馬県前橋市で行われた「ぐんま野球フェスタ2019」の席上で、全日本軟式野球連盟専務理事の宗像豊巳は、学童野球の「球数制限」の導入を発表。2月14日には全日本軟式野球連盟が京都市で評議員会を開き、学童野球で投球数を1日70球以内とする制限を、8月の全国大会から導入することを決めた。

2月4日にはスポーツ庁長官の鈴木大地が「球数制限」を支持する談話を発表。「球数制限」への機運が高まる中で、2月20日には日本高野連理事会が行われた。（1）現状では、部員数が20人以下の加盟校が全体の約4分の1を占め、部員の少ないチームが不利になる（2）勝敗に影響を及ぼす規則は全国で足並みをそろえて検討すべきだという意見が出て、4月から「投手の障害予防に関する有識者会議」を設置することが決まった。

理事会の後、日本高野連の竹中雅彦事務局長は記者団に「（新潟の）方向性は間違っていないし、投球数制限を認めないわけではない。有識者会議でもう一度しっかりと議論して、1年後には（方針を）答申していただきたい」と語った。

有識者会議の顔ぶれは以下の13人（五十音順、敬称略）。

○宇津木妙子（日本ソフトボール協会副会長）
○岡村英祐（弁護士、元京都大学野球部投手）
○川村卓（筑波大学硬式野球部監督）副座長
○小宮山悟（早稲田大学野球部監督、元プロ野球ロッテ投手）
○田名部和裕（日本高野連理事、前事務局長）
○土屋好史（日本中学校体育連盟・軟式野球競技部専門委員長）
○富樫信浩（新潟県高野連会長）
○中島隆信（慶應義塾大学商学部教授）有識者会議座長
○正富隆（日本高野連医科学委員会委員、整形外科医）
○百崎敏克（佐賀北高校元監督）
○山崎正明（高知県高野連理事長）
○渡邊幹彦（全日本野球協会医科学部会部会長）
○渡辺元智（横浜高校元監督）

4月26日には第1回会合、6月7日には第2回会合が開かれた。有識者会議は計4回の会合を開いて11月末に日本高野連へ答申する予定だ。

論1

1991年、大野倫の夏

大野倫は1973（昭和48）年4月3日、沖縄県うるま市に生まれる。イチローと同世代である。小学校時代から野球に打ち込み、沖縄県立沖縄水産高校に進む。

2年生の1990（平成2）年、沖縄水産は、夏の甲子園で、決勝戦まで進出。0対1で天理高校に敗れ、涙を呑む。

大野は5番右翼手として、1年先輩のエース神谷善治が、地方大会から決勝戦までをほぼ一人で投げ切ったのを見ていた。

夏の甲子園が終わると、沖縄水産の栽弘義監督は大野をエースに指名。

「今年こそ優勝」と周囲も沖縄県民も思う中、大野は大きなプレッシャーを感じながらマウンドに上がった。

この年の秋は九州大会の1回戦で延長14回の末に鹿児島実に敗れ、センバツ出場は逃した。

肘がぶっ飛んだ！

しかし翌春には沖縄水産は、沖縄県では夏の甲子園の本命と目された。

大野は4月に熊本に遠征、鎮西高校とのダブルヘッダーを一人で投げ切り3失点に抑える。球速は自己最速の145㎞／hをマークした。大野は夏へ向けて自信を強めた。

しかしゴールデンウィーク中の練習で、ボールを投げたとたんに右肘から「ブチッ」という音が聞こえた。

大野は「あ、やってしまった、肘がぶっ飛んだ」と悟った。

原因はわからないが、大野は連日200球、多い日には400球を投げていた。少しでも手を抜けば栽の平手打ちが飛んできたから常に全力投球だった。

右肘を気にする高校時代の大野倫

大野は「この痛みはどうにもならない、それまでの痛みとは種類が違う」と思っていたが、右肘の異変をだれにも言わなかった。病院にも行かなかった。

ドクターストップがかかって甲子園出場の道が閉ざされることを恐れたのだ。監督の栽やチームメイトの期待を裏切ることはできない、「今年こそ日本一を」と願う沖縄県民の期待もある。そして何より大野自身が甲子園で、先輩の神谷善治のようにエースとして活躍したかった。

大野は何とか、ごまかしながら投げるしかないと覚悟した。ランニングと称して投球練習をせずに走った。練習試合では滅多打ちに遭うこともあったが、痛みから逃れるためにひたすら走った。

痛み止めの注射で勝ち進む

大野の負傷を知らないチームメイトは、練習をしない大野に不信感を抱くようになる。グラウンドの草刈りの時に、大野はチームメイトから草刈り鎌《がま》で追いかけられることもあった。

地方大会が始まり、沖縄水産は大野の不振もあって、2回戦は美里工に6対4で辛勝。しかし以後は、沖縄水産の打線が爆発し、3回戦の久米島戦は16対3で大勝。準々決勝の与勝戦は7対0で7回コールド。

しかし準決勝は、強豪校の那覇商との対戦だった。

大野は意を決して監督の栽弘義に「先生、肘が痛いんです」と告白。うすうすそれを察知していた栽は、大野に痛み止めの注射を打って投げさせることにした。球場に移動するバスの中で、大野は医師から他のチームメイトにも知られないように痛み止めの注射を打ってもらう。注射の効き目は抜群だった。肘の痛みは完全に引いて、ライバル那覇商を5対1で下す。決勝戦の前にも注射を打って、豊見城南を6対2で下し、沖縄水産は2年連続の夏の甲子園出場を果たした。

甲子園では痛みに耐えながら投げる

大野は甲子園でも痛み止めの注射を打って投げるつもりだったが、監督の栽は大野に「甲子園では痛いながらに工夫して投げなさい」と告げた。栽がなぜこのような判断をしたのかは不明だが、大野自身は「僕の将来のことを案じてくれたんだと思います」と語っている。栽は整体師や、はりや電気、超音波照射などで大野の肘に治療を施した。

このころには大野倫が右肘に不安を抱えていることを報道するメディアもあったが、沖縄水産のナインは新聞を読まなかったために、大野の肘の状態に気が付いた選手はほとんどいなかった。

南北海道代表北照高校との１回戦は４対３の辛勝。高知代表明徳義塾との２回戦は６対５とこれも接戦を制した。投手としては打ち込まれたが、大野は４番打者として打撃でチームに貢献した。

高校時代の大野倫

大野は失点するが、打って勝つ。それがパターン化されてきた。大野が打たれることに、ナインは失望しなくなった。３回戦の山口代表宇部商戦も７対５、準々決勝の福岡代表柳川戦も６対４と僅差《きんさ》の勝利をものにした。

この時期には、大野の速球は１２０km／h台まで落ちていた。スライダーやカーブで何とか抑える大野をチームメイトが盛り立てる雰囲気が生まれてくる。

準決勝の鹿児島代表鹿児島実業戦は６回まで７対２とリードしたが、大野は７回以降につかまり

4点を失うが、辛うじて7対6で逃げ切った。

大会後、疲労骨折が判明

決勝の相手は創部4年で決勝まで這《は》いあがってきた大阪代表の大阪桐蔭。決勝前、大野は「監督とエースは一心同体だよ」と栽弘義に言われ覚悟を固めた。しかし同時に「投手としてはこれが最後の試合になるだろう」とも思っていた。

沖縄水産は大阪桐蔭を5回表まで7対4でリードしていたが裏に6点を奪われ、8対13で敗れる。大野は夏の甲子園を一人で投げ切り、投球数は773球に上った。3回戦からは4連投で35イニング、546球を投げ抜いた。

現在の大野倫

監督の栽は大野に「お疲れさん。よく頑張ったな」と声を掛けた。沖縄県民は、那覇空港で奮闘した沖縄水産ナインを大声援で出迎えた。沖縄水産の主将の屋良景太は、帰宅後、閉会式のビデオを見ていて、グラウンドを行進する大野倫の右肘が不自然な方向にねじ曲がっていることに気が付いた。このときにチームメイトは、大野が右肘の故障に耐えて投げぬいたことを知った。

大野は沖縄に戻って検査を受けた。

診断は「右肘の剝離《はくり》骨折」。亀裂も入っており、軟骨も欠けていた。ビー玉くらいの骨片も浮いていた。医師からは「この肘の状態ではピッチャーは無理だろうね」と言われた。

大野倫は、九州共立大学に進み、打者として活躍。日本代表として日米野球でも活躍。1995（平成7）年、ドラフト5位で巨人に入団。外野手としてプレー、一軍成績は24試合31打数5安打、本塁打1、打点2、打率・161だった。

当時の高校野球の現状を知って欲しかった

本稿は2017（平成29）年6月に日刊スポーツ本紙に連載された「『野球の国から　高校野球編』大野倫氏編、12回連載」より抜粋、構成し、大野倫本人の確認を得た。大野は最後にこう証言する。

「私は沖縄水産の1年生から投手でしたが、最初に投げた練習試合の初球を打者の頭部に当ててしまい、打者が救急車で運ばれたこともあり、投手ができなくなりました。でも投球練習はしていました。3年生になって再び投手になりましたが、練習で肘の靭帯《じんたい》を痛めました。みんなの期待に応えるために投げ続けたことに後悔はありません。

当時の指導は、今から考えれば不適切なことも含まれていましたが、当時の高校野球の状況を知っていただくために、そのまま話しました。

今、私は沖縄県で『野球離れ』をくいとめ、野球をする子供を増やすためのプロジェクトを立ち上げました。健全なスポーツとして、再び野球人口が増加するようにがんばります」

論2

甲子園に導入されたメディカルチェック

1991（平成3）年8月21日に行われた夏の甲子園決勝での沖縄代表沖縄水産高校の大野倫の痛みを押しての投球を、翌朝刊の朝日新聞は、

「『1球1球投げ込むたびに大野の顔はゆがんだ。（中略）沖縄大会前に痛めた右ひじは『何もしなくてもずきずきする。夜、痛みで起きることもあった』』

「試合後、ひじに質問が集中したとき、あふれる涙をこらえながら『関係ありません。大丈夫でした』」

と報じている。

朝日新聞だけでなく、一般紙、スポーツ紙でもこのことを大きく報じた。

当時の日本高等学校野球連盟会長の牧野直隆はこれを問題視し、「甲子園で球児が前途を断たれるようなことはあってはならない」と、医療体制の整備を指示。

阪神タイガースのチームドクター的な存在だった大阪大学整形外科医長の越智隆弘に、甲子園球場を介して相談が持ち掛けられ、1994（平成6）年の春の甲子園から大阪大学整形外科チームが大会前に出場校の投手登録をした選手の肩、肘の検診を行うことになった。

投手のための障害予防研修会

前年春に、パイロット的に出場校投手の検診を実施したところ、肩や肘を損傷している投手が多数見つかった。そこで日本高野連は各校に『大会前検診で深刻な異常が見つかった投手にはドクターストップをかける』と通達、さらに、1994(平成6)年3月には、「投手のための障害予防研修会」(日本高野連、朝日新聞社主催)が全国20カ所で開催された。

ここでは、選手の健康管理に関する質疑応答がされた。

問 高校生の場合、1日の投球数のめどはどのくらいか。

答 個人差はあるが練習では1日60~80球程度をめどにし、週に1、2回は投球をせずに肩を休ませたい。試合ではブルペンでの投球を含め、150球くらい。連投なしなら、多少増えても影響は少ない。100球以上投げた翌日は投げないのが望ましい。

問 成長期の骨は、柔らかく無理をさせると故障が起きやすいと聞いたが。

答 身長が伸びているうちはまだ成長期。高校1、2年生の間は、骨が成長していると考えたほうが良い。その間は全身を鍛えることに重点を置き、身長の伸びが止まって大人の体になってから筋力の強化などに取り組むようにするなどの配慮も必要だ。

問 選手が指導者に痛みを隠すケースも多い。指導者が選手の故障を見分ける方法はないか。

答 ウォームアップを注意深く見ていれば、分かる。腰痛があるなら前後屈が十分にできないし、足に痛みがあるなら走る姿がどこかおかしいと感じるはず。

肩、肘の場合は、1キロ程度の鉄アレイを持たせ、腕をまっすぐに伸ばしたまま、真横や後ろに上げさせてみる。肘が曲がったり、体をまっすぐにしたままで十分に上げることができないようなら、故障の疑いがある。

試合での投球数はやや多いと思われるが、現在のレベルで見ても極めて適切なアドバイスが行われていた。ただ、トーナメント制の高校野球では、「100球以上投げた翌日は投げないのが望ましい」は、勝ち進んだ場合には複数の投手を擁していなければ事実上不可能になる。この研修会の通りに高校の指導者が選手の健康管理を実施していたなら、現在の状況にはなっていなかったと思われる。

さらにこの年の春からベンチ入り人数が15人から16人に増えている。

『大会前検診』の診断基準

甲子園の大会前検診では、医師は筋肉が疲労で弱くなったり、炎症を起こしていたりする程度の場合、ノースローにして、マッサージやアイシングなどを施すように指示をするが、ドクターストップはかけない。しかし、腱板断裂や剥離骨折を伴った内側側副靭帯損傷などが見つかればドクターストップをかける。これ以上投げさせれば不可逆的な故障をする危険性があるからだ。端的に言えば、レントゲンで異常が見つかる場合は、手の施しようがないが、炎症は対処の仕方があるという解釈だ。ただ、レントゲンでは、高校時代ではなく、中学、小学校でも負った肩や肘の損傷が既往症として見つかることがある。専門家が見れば、既往症と今の故障はある程度見分けがつく。確かに、そのまま投げることでリスクは高まるが、これもドクターストップにすると、今の高校野球では投げる投手がいなくなるので、そういう場合はストップはかけない。

甲子園の『大会前検診』は、あくまで甲子園の大会期間中に深刻な損傷をしないように投手の体をチェックするもの。1回戦から勝ち上がっても投げることができるかどうか、判断するものだ。

しかし投手の健康被害は、それ以前の段階で起こっていることが多い。小学校高学年、中学校で硬式野球をしている子は、甲子園やプロを目指すために、無理をして投げている。指導者も、どうしても勝ちたいからいい投手には無理をさせる。

それに耐えられるだけの体力と成長過程を持っている選手はいいが、そこでダメになる選手もいる。

ベスト16の投手たちの健康状態

甲子園の検診は、大会中にもう1回行われる。準々決勝の前の段階だ。

ベスト16に勝ち進んだ学校の投手は、インタビューが終わったら、すぐに隣の部屋で肩、肘の状態を診る。診断の基準は同じで、炎症であればマッサージやアイシングを指示するがドクターストップはかけない。レントゲン的な故障が見つかった場合はストップをかける。その段階でドクターストップをかけた例が、2例あった。そのうちの1人が今治西高の藤井秀悟。藤井は準々決勝で左肘内側側副靭帯を損傷した。ドクターストップを選手自身も、監督も了承した。この判断によって藤井の投手生命は守られた。藤井は早稲田大に進み、その後ヤクルト、日本ハム、巨人、DeNAで活躍した。

ただ一般論としては準々決勝まで来て、ドクターストップをかける判断は難しい。甲子園で活躍することでその後の彼らの野球人生が変わってしまうからだ。休んだ方がいいのは間違いないが、不可逆的な故障がなく、ある程度投げることができて、本人に強い意志があれば、ゴーをかけざるを得ないこともある。

試合中、ベンチ裏には理学療法士が待機

甲子園ドクターは、大会期間中の球児の健康管理も行っている。

急病人の応急手当てをする医師や看護師は待機しているが、整形外科医が試合中ずっと待機することはできないので、1995（平成7）年からベンチ裏で理学療法士が待機して、故障や怪我のリスクに備えている。イニングの合間にストレッチをさせたり、アイシングの指導をするなど、きめ細かく対応をしている。またクロスプレーなどで怪我をすれば「あとから病院に行った方がいい」などとアドバイスもする。ただ理学療法士にドクターストップはかけられない。その判断は整形外科医にゆだねられている。

試合が終われば、ベンチ裏でインタビューをしている脇の、空いたスペースで野手も含めてク

ーリングダウンやストレッチも行っている。

2010(平成22)年の甲子園球場の大改修後は、ベンチ内にエアコンがつき選手たちの環境はかなり改善された。

2019(令和元)年からは準決勝翌日に休養日を新たに設けることを決めた。従来の準々決勝翌日に設定されているものを含め、休養日は2日間になった。

また夏の大会に向けてエアコンを増設、白いスパイクの着用を認めるなどの対策も行っている。「大会前検診」が浸透することで、酷《ひど》い炎症を抱えたまま甲子園に臨む選手は減った。一定の役割を果たしているといえよう。

しかし、「大会前検診」は、あくまで「甲子園大会期間中の健康被害の軽減」が目的であって、選手個々の将来的な障害の防止などは目的ではない。また担当医は「選手の将来」を勘案して、問題がある状態でもゴーサインを出すこともある。この「大会前検診」で、今問題になっている投手の健康被害を完全に防止することはできない。

論3

牧野直隆第4代高野連会長が投げかけた問い

牧野直隆は１９１０（明治43）年、鹿児島県生まれ。慶應商工学校から慶應義塾大学経済学部卒業。慶大野球部では主将・遊撃手として活躍。水原茂と三遊間コンビを組んだ。

卒業後は鐘淵紡績に入社。以後も選手として活躍。アメリカ・大リーグ選抜が2度目の来日をした際には全日本チームのメンバーに選ばれた。

牧野直隆著『ベースボールの力』（毎日新聞社刊）

戦後は、全鐘紡監督として１９５０（昭和25）年から都市対抗野球3連覇。東京六大学野球で審判員も務めた。１９８１（昭和56）年、佐伯達夫の死去を受けて第４代日本高等学校野球連盟会長に就任。２００２（平成14）年11月に勇退するまで、11期21年の長期にわたって会長を務めた。２００６（平成18）年没。

牧野は、学生野球が勝利を追い求めるあまりに過熱することを戒め、練習時間の短縮や休養などをたびたび指示。そういう認識があったために、１９９１（平成３）年夏の甲子園の大野倫の怪我を押しての投球を憂慮し、メディカルチェックの導入を指示した。

牧野の野球観、学生野球観がどのようなものだったのか、日本高野連会長退任時に刊行された回顧録『ベースボールの力』（毎日新聞社刊）から引用する。


選手を危険からどう守るか、それは大変重要な問題だ。

会長就任時の方針のひとつが休養日と複数投手制の提案だった。

平成5（1993）年夏の第75回大会の開会式で、僕は改めて、ゆとりをもって練習すること、休養の日を設けることを提唱した。その後も、機会があるごとに訴えてきた。

長時間の練習や、早朝練習が続き、年末年始にわずかな休みしかないチームが多い。野球漬けになってしまってはいけないと、僕は思っている。本分の勉強はもちろん、趣味を広げたり、けがの治療をしたりできる、ゆとりの日が不可欠だ。練習を休んで心身ともにリフレッシュさせる効果は大きい。勝利至上主義の抑制にもなるだろう。

平成6（1994）年8月7日の都道府県高野連会長会議で、僕はこう話した。

「長年繰り返されてきた精神野球からそろそろ脱皮して、科学的、医学的指導方針に基づいたものに改めるよう指導をお願いします」

それから3年後の平成9年5月の実態調査では、加盟校のなんと60％が休養日を設けるようになった。（中略）

口をすっぱくしてきた複数投手の育成も、選手を危険から守る意味がある。

継投や先発のローテーションという考え方は、何も最近入ってきたものではない。慶大時代、腰本（寿）監督の用兵に組み込まれていたし、戦前に来日した米大リーグ選抜チームからも、僕は投手の役割分担について教えてもらった。どうも日本は、ひとりの大黒柱が燃え尽きるまで投げぬくのが美学、というところから抜け出せない。一種の精神主義、まあカルチャーなんだろうけども、それでは投手は使い捨てになってしまう。

慶大時代、甲子園で活躍した素晴らしい資質の投手が入学してきた。が、彼は中学時代に肩やひじを酷使したことが原因で、投手として東京六大学の舞台に立つことはできなかった。高校生は育ち盛りだ。指導者の監督も一緒になって一時のヒロイズムで、未来ある素質をつぶしてはいけない。（中略）

肩は絶対に温存すべきだというアドバイスは、昭和９（１９３４）年に来日した大リーグ選抜チームの投手たちが日本のエース、沢村榮治君に授けたものだ。日本の野球人も、肝に銘じなければなるまい。

論4 ジェフ・パッサンが見た安樂智大と立田将太

ジェフ・パッサンは米国"Yahoo！Sports"で活躍するコラムニスト（現在はESPN）。2013年に、愛媛県済美高校の安樂智大が、春の甲子園で772球を投げたことに注目し、アメリカとはかけ離れた日本の高校野球の実情を紹介するコラムを書き、日本でも大きな注目を集めた。安樂の投球過多が日本で問題視されるようになったのは、ジェフ・パッサンをはじめとするアメリカのジャーナリズムの影響が大きい。

彼は2017年に『豪腕』（"The Arm"、日本版はハーパーコリンズ・ジャパン刊）という本を上梓し、米球界のトミー・ジョン手術をめぐる実態を明らかにしたが、その中で1章を割いて、日本の高校野球の特殊性についてアメリカのジャーナリストの目線から紹介している。

以下は、その部分から、主として安樂智大と立田将太の部分を抜粋したものだ。

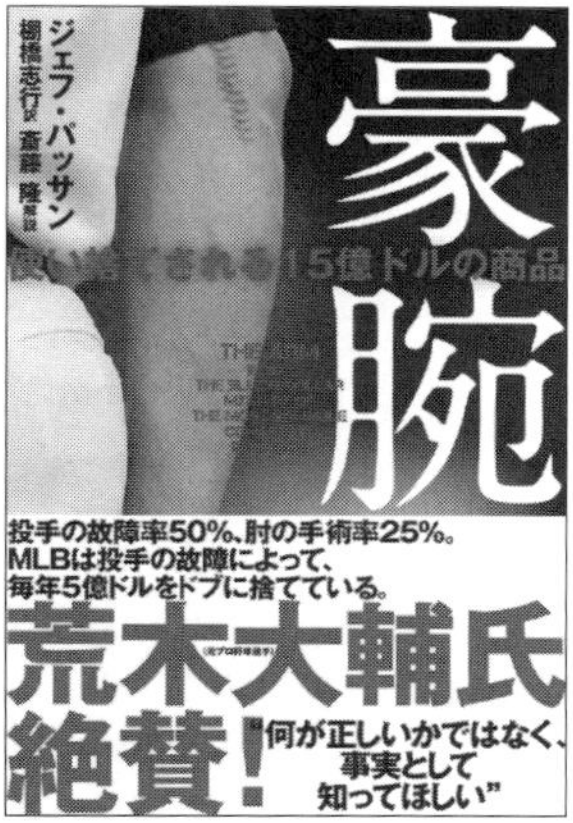

ジェフ・パッサン著『豪腕 使い捨てされる15億ドルの商品』（ハーパーコリンズ・ジャパン刊）

2013年春、安樂智大に772球を投げさせたことに対して、内外から非難の声が高まった。多くの日本人メジャーリーガーの代理人を務めた団野村は「これは子どもへの虐待ですよ」と言った。

しかし済美高校の上甲正典監督は、

「私は何一つ後悔していません」

といった。彼は野球の人間育成力を信じていた。練習で選手が感じた痛みは、のちの人生で襲ってくるもっとひどい痛みへの準備になる。

「日本の選手はアメリカの選手に比べてスタミナに劣る」

と上甲は言った。だから彼には〈済美スーパーサーキット〉と名付けた過酷な練習を課した。

上甲はひたひたと忍び寄るアメリカのベースボール思想に脅かされつつある伝統と夢を守りぬかなければならない、と考えていた。

奈良県の広陵町の大和広陵高校ではエースの立田将太が夏へ向けて練習をしていた。立田の父の裕和も高校球児だったが、投げて投げて投げまくった挙句に故障をして野球を断念、運送業になった。立田裕和は息子の将太にも野球を教えたが、中学校のトーナメントでひじを痛めたときに、

「お前の腕はチームではなくお前自身が守れ、どんなことをしても」

といった。

中学時代、すでに日本有数のアマチュア投手に成長していた立田将太は、「毎試合投げません、投げ込みもしません」と宣言をした。

そして、声をかけてきた私立の強豪校にはいかず、家から歩いて通える大和広陵高校に進んだ。この高校は父の母校でもある。

「僕がこの夢を成し遂げることを、父はきっと心から願っています」

「自分と父のために、このキャリアを追いかけるつもりです。父はずっと一緒にいてくれましたから、今はそれが僕の夢なんです」

安樂は投げて投げて投げまくった。日本の野球では〝正しい投球フォーム〟が最優先事項だからだ。投球フォームの小さな特徴一つ一つが日本人投手の品質証明であり、あたかも投手のDNAに埋め込まれているようだ。安樂も立田も同じような投げ方をする。遺伝や酷使に関係なく投球フォームが投手の健康を守ると信じられている。

日本の投手は何世代もこういう投げ方で腕の問題を回避してきたといわれるが、それを裏打ちする事実や証拠やデータはなかった。

2013年9月22日、秋の愛媛県大会で先発した安樂は初回、ひじに異常を感じた。「痛めたのは投げすぎのせいじゃありません」と彼は主張した。「フォームのバランスが崩れたんです。それが痛めた原因です」

日本の新聞は、世界野球選手権の使用球で安樂が感じた違和感が故障の原因だと報じた。選抜での772球には言及しなかった。

安樂は主治医の坂山憲史の診断を受けた。坂山はトミー・ジョン手術の経験は少ないが、その開発者であるジョーブ博士と面識がある。坂山は安樂の脊椎は超一流のものであり、ひじの骨は「とてもきれいなものだ」といった。坂山の関心はトミー・ジョン手術の患部であるＵＣＬ（尺側側副靱帯）よりも骨にあるようだった。

安樂は６か月間登板ができず、２０１４年春の甲子園には出場できなかった。

立田将太も、奈良県大会の準決勝で智辯学園に敗れて甲子園に出場することはできなかった。

甲子園で選手の健康に配慮して、タイブレークなどのルール変更が行われることに関して、済美高校監督の上甲正典は

「そんな試合形式で、観衆の心に訴えかけられますか？　そのルールが選手の健康に資するのはわかりますが、感動は失われる。今のように人の心を揺さぶるものではなくなるでしょう」と言った。

立田将太の「球数制限」に理解を示した大和広陵高校監督の若井康至は、

「（アメリカと日本の）どっちが正しいのかわかりませんが、私は彼の選択を支持します。その方式を尊重し、選択は彼に任せますが、私も昔の文化で育ってきましたからね、個人的には違和感があります」と語った。

「理解してくれる人たちもいます」立田は言った。「僕が正しいとも限らないけど、自分がプロ入りすることで将来的に正しいことを証明するのが一番の願いです」

アメリカでは記録的な数のプロ野球選手がひじを壊しているのに、彼らは自分を虐待者と呼ぶ

のか？　と上甲正典は言った。

「甲子園の決勝は4000校以上の高校から勝ち残った2校の戦いです。あの決勝の舞台に立つのはとてつもない名誉なんです。言葉に表せないくらいの。投手にとっては一生記憶に残る試合になるかもしれない。投手が投げたいというかぎり、私はマウンドに送り出したい」

2014年夏、上甲は安樂で再び甲子園出場を目指したが、済美は地方大会で敗退した。

「負けてくれて、みんなちょっとほっとしていた」安樂の主治医の坂山は語った。


2014年9月2日、上甲正典は病気のために永眠した。

安樂は上甲の告別式で、

「たとえ体調が悪くても、何一つつらそうなそぶりを見せず、僕たち選手に命懸けで付き合ってくださいました。目配り、気配り、心配り。これは監督さんが大切にされている言葉でした。野球選手としてだけでなく、社会に出ても通用する人間に、という考えからでした」と語った。

安樂智大はこの年、ドラフト1位で東北楽天ゴールデンイーグルスに入団した。

立田将太もドラフト6位で北海道日本ハムファイターズに入団した。

「正解はどこにもありません」立田は言った。

「自分より下の年代で腕を痛める子もたくさんいるけど、どんなに投げても故障しない子も大勢いる。人によるんです。正しい答えはありません」

小学校からの導入が望ましい

今回、この本を取材していく中で、幸運にもパッサン本人からコメントをもらうことができた。

読者に公平な判断材料を与えるためにも、英文と邦訳を全文公開したい。

When the ethos of a game - in Japan's case, the warrior spirit that is so well-regarded in baseball, to the point where they name pitchers who throw a lot kaibutsu - is underpinned by an expected behavior, changing attitudes is difficult. It's also necessary.

My advice...... Start with the youngest generation today. Not the kids in high school but those in primary school, who are just starting to play. Emphasize that technique is not simply a function of repetition, even if repetition can in fact lead to superior technique. Use facts - the studies about overthrowing as a child - and appeal to logic, not emotion or history. You do X, you're likelier to have Y happen. You may be an outlier, but most aren't. These numbers do not lie. Do you want to be just another statistic ?

That's how I've approached it. Not by embracing alarmism but rather trying to educate. That's all we can do in our roles. Pitch counts are not a panacea. They're not going to save everyone. Anyone who thinks they will is sorely mistaken. But they would give children a better chance to advance in their career - or life - with an arm that's not constantly in pain.

ジェフ・パッサン

球数制限を設けることはとても難しいことだと思う。日本では精神論が蔓延していることもあってか、体に異変を感じても投手は1人で投げ続けることが良いとされてきたし、それが「怪物」と呼ばれる選手を生み出してきた原因だ。これに周囲から選手に完全燃焼させたいという想いが拍車をかけているから、なかなか良い方向に事が進まない。これらの改善は難しいことだけども、この流れを変えようとする動きは大切なことだ。

僕がアドバイスするとすれば、球数制限は野球を始めた小学生の年代から始めることを勧める。選手には投げ過ぎると体にどのような異変が起きるのかを論理的に伝えることが必要だ。多くの事例や具体的な数字を用いて説明すれば、球数制限への理解も早いと思う。

指導者は選手の球数やケガに対して不安に思うよりも、選手を良い方向に導くことが本来の役割だ。

ただし、球数制限はすべての選手をケガから守る万能薬にはならないことは覚えておきたい。制限することで問題が解決とすると思えば、間違った方向に進むだろう。しかし、子供たちにはケガに悩まされることなく、プレーを楽しみ、生活ができるきっかけを与えることができると思う。

（邦訳：豊川遼）

論5

「残酷ショー」としての高校野球【松谷創一郎】

松谷創一郎は、１９７４年生まれ、広島市出身のライター、リサーチャー、武蔵大学非常勤講師。文化全般が専門で商業誌から社会学論文まで幅広く執筆。広島カープファンでもある。

２０１４年８月31日の「Ｙａｈｏｏ！ニュース個人」に掲載された記事を抄録する。

１週間で約１０００球

夏の甲子園はすでに終わりましたが、べつの高校野球の大会が世の中をザワザワさせています。

高野連が主催する全国高校軟式野球選手権大会・準決勝で、岐阜・中京高校と広島・崇徳高校が、４日間、延長50回にわたって試合を繰り広げたからです。軟式高校野球では、延長は15回で打ち切ってサスペンデッドゲーム（一時停止試合）となり、翌日にその続きを戦うというルールとなっているためにこのようなことが起こりました。４日間にわたるこの試合で、中京の松井投手

松谷創一郎

は709球、崇徳の石岡投手は689球を投げました。また、この試合が始まる前日（8月27日）の準々決勝でも両投手は相手チームを完封し、この準決勝に臨んでいます。実は彼らは5連投なのです。

さらに勝った中京高校は、試合後そのまま決勝の三浦学苑戦に臨みました。そう、なんとダブルヘッダーだったのです。松井投手はこの決勝でも、4回途中から登板して最終回までの5回2／3を無失点に抑えました。チームも2対0で勝利し、優勝を飾りました。松井投手は25日から7日間4試合で、75イニング2／3、推定約1000球を投げきりました（失点1／防御率0・12）。プロ野球の投手の規定投球回数は試合数と同じ144イニング（当時）ですが、松井投手はその半分以上を1週間で投げたことになります。

この全国高校軟式野球の日程は、8月25日から29日までの5日間の予定でした。しかし、崇徳と中京の試合が長引いたために、決勝戦も31日までずれ込みました。ダブルヘッダーになったのはそのためです。引き分けの場合は、「両校準優勝（優勝預り）」になる予定でした（なぜ「両校優勝」にならないのかは不明です）。高野連としては、おそらく高校生の夏休みが終わる31日までしか球場を押さえておらず、どうしてもスケジュールを消化しなければならないのでしょう。だとしたら、延長50回も続いた準決勝のサスペンデッドルールは、なんだったのかという話になります。これは明らかに異常な事態です。軟式野球の投手がプロ野球に来ることはないので、世の中ではあまり問題視されず、相変わらず「美談」と見なす向きも多いようです。しかし、ひとりのピッチャーが1週間で1000球近くを投げる状況は、やはり常軌を逸してます。投手が腕を振る回数は硬式でも軟式でも同じです。いくら軟式ボールのほうが軽いといっても（註1）、下手をしたら彼らは腕に一生残る障害を抱えることになったかもしれません。高野連は、高校野球を「教育の一環」と位置づけています。しかし、こんなことを未成年者にやらせておいて、本当に胸を張ってそう言えるのでしょうか？

これは「残酷ショー」以外のなにものでもありません。

済美・安樂投手の故障と監督の無責任

高野連に批判の目が向けられたのは、いまに始まったことではありません。勝ち上がった強豪校の投手は、連投を余儀なくされます。これによって投手生命を終えた選手も少なくありません。その代表的な例としてしばしば挙げられるのは、90年代前半に沖縄水産高校に在籍していた大野倫です。1991年の夏の甲子園、肘の故障を隠して挑んだ大野は決勝戦までの6試合で773球を投げました。大会後、右肘の疲労骨折が発覚して手術を受け、大野の投手生命は終わりました（後に打者としてプロ入りしますが、大した結果を残せずに球界を去ります）。彼の右肘はまっすぐ伸びず、130度に曲がったままだったそうです。

近年でも、酷使は続いています。最近では、愛媛・済美高校に在学中の安樂智大選手が有名です。最速157キロの高校ナンバーワン投手としてプロからも注目される安樂ですが、2013

年春のセンバツ大会で、決勝までの5試合で772球を投げました。その後、夏の甲子園前に肩を故障しますが、それでも夏の甲子園大会には出場して2回戦で敗退します。

このとき、1回戦を突破した直後に済美高校の上甲正典監督は、インタビューで球数について聞かれ、「それは日本の伝統ある高校野球にはそぐわない。肉体の限界を精神力で乗り越える。武士道精神のような厳しさもまた高校野球だと思います」と答えました（註2）。

しかしこの大会後の秋、安樂投手は再度肩を故障し、半年ほど公式戦に登板できなくなりました。翌年の春に復活したものの、今年の夏の甲子園では予選で敗れています。こうした上甲監督の姿勢に対し、プロのスカウトもそうとう怒っていると報道されています。

私は、この上甲監督の姿勢が教育的に意味があるとはどうしても思えません。逆に、判断力を持たない未成年者に対する虐待に近いと捉えています。いくら本人が投げることを志願しても、それを止めることが保護者の責任なのです。

つい最近、済美高校は野球部でイジメが発覚し、秋の愛媛県大会出場を辞退し、来年春のセンバツ大会の出場も絶望となりました。報道によると、「複数の2年生が1年生に暴力を振るったり、『カメムシか灯油のどちらかを食べろ（飲め）』と迫っていた」そうです。

これのどこが「教育の一環」なのでしょうか。高校ナンバーワン投手を虐待し、部内のイジメを見過ごすような上甲正典監督に、教育者としての資格はまったくありません。

高野連を批判できない大手マスコミ

こうした高校野球の異常性は、これまでに幾度も批判されてきました。しかし、それは短期的に生じてもなかなか継続的には議論されません。それには、明確な理由があります。高野連が日本の有力マスコミと極めて太いパイプを持っているからです。

まず、夏の甲子園大会を高野連とともに主催するのは、朝日新聞社です。次に、春のセンバツ大会は、毎日新聞社と高野連の共同主催です。そして、これらの試合はNHKが全試合中継します。加えて、朝日新聞が筆頭株主であるテレビ朝日も主要試合を中継し、テレ朝と朝日放送(ABC)が共同製作する『熱闘甲子園』では、その日のダイジェストが放映されます。もうひとつ付け加えるならば、日刊スポーツ新聞社は朝日新聞の関連会社、スポーツニッポンは毎日新聞社の関連会社です（註3）。

このように高野連は、新聞2社とテレビキー局2社を押さえているのです。これでは単発的に問題視されても、議論が継続的に起こるようなことはありません。なぜなら朝日、毎日、NHK、テレ朝にとって、甲子園は大切なコンテンツだからです。いわば共犯関係なのです。

こうした高校野球を批判するOBも多くはいません。メディア上に顔を出す甲子園OBとは、すなわちプロ入りして成功した選手ですから、なかなか批判することをしないのです。

しかし、甲子園OBにも数少ない批判者もいます。その代表的な存在がPL学園・巨人出身の桑田真澄さんです。桑田さんは8月26日にもTBS『ニュース23』に出演し、現状の高校野球について批判を繰り広げました。そこで桑田氏からなされた提案は、球数制限です。現在のプロ野球では、ほとんどのチームが先発投手を100～120球に制限し、登板間隔も中5～6日をもうけています（メジャーリーグでは、100球・中4日が一般的です）。こうした状況を踏まえて桑田氏も球数制限を主張し、ダルビッシュ有投手など他にも類似の提案をするひとは見受けられます（註4）。

私も、これには強く賛成します。しかし、もちろんこの球数制限によって別の問題も生じます。『ニュース23』では、帝京高校の前田三夫監督がそうなると球数稼ぎの攻撃をすると明言しています。桑田氏はこうした意見に対して、学生野球憲章の「フェアプレー精神の理念」を持ちだして反論します。たしかに、前田監督が述べる狡猾《こうかつ》な戦略は、「教育の一環」を掲げる学生野球憲章に反しているように思えます。

これ以外の対策も、私ごとき素人でも十分に考案できます。たとえば、「打者ひとりあたりの投球が10球に達したら三振」というルールを思いつきます。つまり、ファウルで粘れるのは4～7球までということです。さらに、今回の軟式野球の終わりなき延長戦も、球数が増えるリスクがあります。これはすでに議論されているように、タイブレーク制の導入などがあってもいいように思えます。

解決の可能性がある投手の連投

ただ、こうしたことだけでは、連投は止められません。そもそも高校野球の全国大会は短い日程で、連日試合が行われます。数年前、高野連は連投に対する批判を受けて、甲子園では準々決勝と準決勝の間に1日だけ休養日を設けました。しかし、たった1日です。準決勝を勝ち上がって決勝に出たチームの投手が、2試合とも完投すれば、2日間で18イニング300球近くを投げることになります。

これを改善する策は、大きく分けるとふたつ挙げられます。これにはそれぞれクリアしなければならない課題もありますので、それも付記しておきます。

●1：試合日程の間隔を最低中3日空ける

⇓課題：選手の甲子園滞在費用、甲子園の貸出スケジュール、各地区予選のスケジュール調整

●2：現行18人（軟式は16人）のベンチ入り選手登録数を20人以上に増やし、投手の多投・連投を禁止

⇓課題：増員分の甲子園滞在費用

この両者で実現可能性がより高いのは、おそらく2のほうです。なぜなら、お金の問題だけで解決できるからです。

高野連のホームページにもあるように、夏の甲子園では、高野連が1校20人（選手18人、責任教師1人、監督1人）分の旅費と、1日1人3000円分の滞在費を補助しています。高野連が選手枠をなかなか増やそうとしない背景には、こういう経済的な事情があるのでしょう。

この問題解決が簡単だとは言いませんが、ビジネス的な工夫はまだできる余地があります。たとえば、現在夏の甲子園の入場料金は、もっとも高い中央特別自由席（バックネット裏）で

２０００円、アルプス席は６００円、外野席は無料となっています。こんなに格安にする必要はあるのでしょうか？　外野席の客からひとり１００円とるだけでも、かなりの収入になるはずです。

リアリティショーとしての高校野球

ここで、高校野球の「残酷ショー」としての側面について触れておきます。

実は、こうした残酷ショーは世界中のテレビ番組で見られます。それらは「リアリティショー（番組）」と呼ばれるもので、素人や芸能人が台本のない状況に身を置いて、さまざまな体験をするといった番組です。日本では、１９９６年に放映された日本テレビ『進め！電波少年』での猿岩石による「ユーラシア大陸横断ヒッチハイク」が代表的なものでしょう。現在だと、フジテレビの『テラスハウス』やテレビ朝日の『よゐこの無人島0円生活』シリーズなどが挙げられます。

（中略）

しかし、現在の日本ではリアリティ番組はアメリカや韓国などと比較すると、それほど多くありません。これにはさまざまな理由が考えられますが、やはり大きいのはリアリティ番組と似た魅力を持つエンタテインメントが他にもあるからだと思われます。私はそのひとつがＡＫＢ48であり、もうひとつが高校野球だと考えています。

（中略）

しかし、高校野球はこのような無責任な受容ばかりなされて、本当に良いのでしょうか。これは「教育の一環」のはずですよね?

高野連は、いつまで高校生に「残酷ショー」を続けさせるのでしょうか? そして視聴者も、いつまで無責任に高校野球を楽しむのでしょうか?

大手マスコミが意図的に議論を避けるのであれば、インターネットなどでわれわれがもっと考えていかなければならないと思います。

註1:高校軟式野球で使われているボールは、外周ゴム製のA号。重量は134・2~137・8グラム。一方、硬式球は141・7~148・8グラムで、3・9~14・6グラム軟式のほうが軽い(東京中日スポーツ2014年8月31日付)。

註2:「夕刊フジ」2013年8月14日付「高校野球に球数制限はそぐわない」(聞き手・片岡将)。このとき上甲正典監督は、「あの子たちには『いま』しかないんです。それを高いところから、冷静な判断で取り上げることは、私は高校野球の指導者じゃないと思います。止めたことで彼らに一生の悔いが残るかもしれない。もちろん2、3回戦なら投げさせません。でも決勝になれば、私は投げたいという本人の意思を尊重してやりたい」とも話しています。

註3:日本ではテレビ局と新聞社が資本関係を結んだうえ提携する事例が目立ちます。しかし、民放5局のなかでTBSと毎日新聞社は資本関係が弱く、よって提携・協力関係ももっとも弱いのです。

註4:テキサス・レンジャーズのダルビッシュ有投手は、「まず実現しないだろうけど」と前置きしたうえで、高校球児の1日での投球回数を7回までに制限するという提案をしています。

論6

氏原英明「投手の健康を本気で考えている指導者はいない」

スポーツライターの氏原英明は、２００５（平成17）年頃から、高校野球、プロ野球などの現場で取材を重ね、"Number Web"などに寄稿している。２０１８（平成30）年夏、『甲子園という病』（新潮新書）を上梓した。この本は大きな反響を呼んだ。

高校野球の現場を熟知する氏原に「球数制限」をめぐる動きについて考えを聞いた。

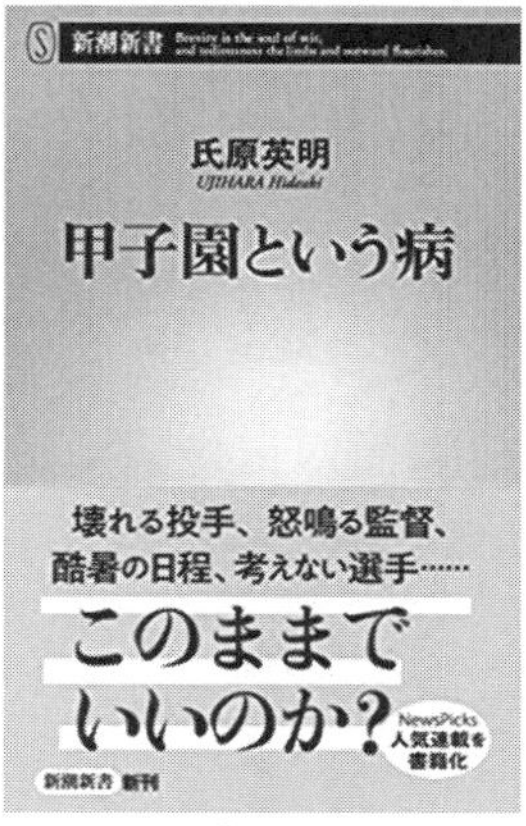

氏原英明著『甲子園という病』（新潮新書）

投手が苦しんでいても代えることができない指導者

今の高校野球の指導者は、自軍の投手がマウンドで明らかにおかしくなっていても、代えることができません。

２００８（平成20）年夏の甲子園の静岡代表常葉菊川の戸狩聡希は、肘の痛みが限界に達し、マウンドで悶絶《もんぜつ》していました。肘の位置を明らかに下げて投げていたんですけど、でも監督は交代させなかった。

2013（平成25）年夏の甲子園の1回戦では、浦和学院の2年生小島和哉が熱中症でフラフラな状態になっていた。でも監督はすぐには代えなかった（※結果的には交代させている）。同じ大会で、木更津総合の千葉貴央は2回戦でスローボールしか投げられなかったのに、監督はマウンドに上げた。

「エースなんだから」という理由で、代えないのが一番大きな問題ですね。

これは指導者の責任という以上に、甲子園全体の雰囲気が大きいと思います。

「エースを降ろして負ければ、責任を取らされる」

でも、代えなくてその投手が壊れてしまえば、

「これは仕方がないなあ」ということで、説明がつくんです。

浦和学院の小島和哉は、スポーツ飲料のようなものを飲んで「大丈夫です」と言いました。大丈夫じゃないのに。監督が怖いから「いけるか？」と聞かれて「いけます」と言った。

そこに問題があるんです。明らかにおかしくなっている投手をマウンドから降ろすことができなくなっている。それが「甲子園」の空気です。

メディアも含めてエースを代えたら「監督、やる気なくしたのか」と聞くわけです。

2018（平成30）年の済美のエース、山口直哉も愛媛県大会初戦から甲子園準々決勝まで8試合連続完投。2回戦の星稜戦では一時は1－7のリードを許した。しかし、投手交代に踏み切ることはなかった。星稜はエースの奥川恭伸投手を熱中症の症状で交代させましたが、山口投手

は投げ続けた。８回裏に済美が８点をうばって逆転。その後星稜が粘って延長13回までもつれましたが、山口は最後まで投げ切りました。１８４球も投げました。

「なぜ代えなかったのか？」と聞くと、中矢太監督は、

「６点リードされた時点で投手を代えたら、監督はこの試合を捨てたのかと思われる」

と言いました。山口はここまで何球投げてるの？　ということですね。

指導者は勉強不足だといわれます。確かに、そういう面はありますが、たとえ監督が交代させようとしても、学校も親も、バックネット裏にいる高校野球ファンも、そしてメディアも「なんで代えるんだ」というわけですよ。そういう空気は甲子園だけでなく、地方大会も同じです。その空気自体が変わらないと高校野球は絶対に変わらないと思います。

「複数投手」は選手の健康に配慮したわけではない

今、有力私学では、複数の投手を用意するのが当たり前になっています。それを評価する声も上がっていますが、それは「勝つための継投策」であって、選手の健康面を考えての変更ではありません。金属バットがよく飛ぶようになったし、特に夏は酷暑になって疲労が激しいので一人では抑えられなくなったから、複数の投手を使っているだけで、「投手の体を気遣って交代させている監督」は、有力校には誰もいないです。そういう現状を踏まえれば「球数制限」は必要です。投手の限界を度外視して、球数が来たから自動的に代えましょうというルールはあったほうがいい。

要するに、「勝利至上主義」が問題なんです。

メディアの問題で言えば、高校野球を批判する人の多くが、高校野球の現場を取材していないことも大きい。「球数制限」が必要だという人は、みんな外側の人です。中にいる人は、メディアも含め、そういう外の空気を知っているから、批判を恐れて「球数制限」反対派になります。いつまでたってもこの問題が変化しないのはそういう図式があるからです。本当は、現場で取材をしておかしいと思っている人が声を上げなければならない、中で日常的に取材をしている人が変わらないと、いけないと思います。

大船渡高校、佐々木朗希に注目したい

繰り返しになりますが、「球数制限」をいいと思うのは、単純に指導者が投手交代を気兼ねなくできるようになるからです。

投手というものは、100球で代えるものなんだよ。

投手は一人ではなく、いっぱいいるんだよ。

投手は、肩や肘に気を使わなくてはならないんだよ。

というのが、当たり前の空気にならないとだめだと思います。

複数の投手が必要だという監督はいても、勝敗を度外視してまで、投手の健康を考えてアメリカみたいな投手起用をしようというチームは、今の日本には、高校野球だけでなく、どのカテゴリーにもないと思います。

今年になって岩手の大船渡に佐々木朗希という好投手が登場しました。国保陽平監督は、今のところ慎重に使っていますが、大船渡が佐々木を本当に守り切ることができたら、たとえ初戦で負けたとしても、僕は絶賛します。この指導者は球史に語り継がれると思います。

一人の投手を使い続けることで、他の投手のチャンスを奪うケースもあります。

昨年夏の金足農は、吉田輝星が決勝戦まで一人で投げて力尽きて、打川和輝が決勝の途中から投げました。球速は135㎞/hほどでしたが、大阪桐蔭打線を3回1点に抑えました。彼を地方大会から出していれば、吉田の負担は軽減されたはずです。投手デビューがいきなり甲子園の決勝とは、気の毒すぎると思います。

「球数制限」とセットでリーグ戦も導入すべき

僕は「球数制限」とセットでリーグ戦も導入すべきだと思います。リーグ戦での球数制限は80球。絶対完投できない球数にする。そうすれば各チームは投手を2人以上作る。リーグ戦は、実力で1部、2部とカテゴリーをわけて、接戦になるようにする。トーナメントとは違って「一戦必勝」ではないので、有力チームはメンバーを落とすかもしれないけど、それは容認してもいい。そうすれば弱いチームでも「勝つ喜び」を味わうことができます。今だったら、底辺のチームは負けるしかない。トーナメントの公式戦が年に3回ありますが、1回戦で負ければ3試合でシーズンが終わってしまいます。何の喜びもありません。でも、7部リーグでも1勝すれば、それが成功体験になって野球が好きになるでしょうし、それで希望を持って頑張って6部リーグに昇格するなんてことがあるかもしれない。

リーグ戦をやることで「野球は負けてもいいんだ」が普及すると監督も「エースは疲れているから今日は休ませるか」となりますし、ファンもそれを納得すると思います。

「良い投球フォーム」なんてない

良いフォームで投げたら「球数制限」しなくてもいいという意見もありますが、これには大反対です。その良い投球フォームは誰が決めるんでしょうか？　投球フォームは試合中にどんどん変わります。試合展開で、疲労で、暑さで。投手のフォームが「良くなくなった」瞬間に、監督は交代させますか？　させないでしょ？　ということです。

だったら、球数で縛るしかない。

投手の中には、悪い投球フォームで良い球を投げることもあります。インステップは良くないと言われていますが、インステップしていても良い球を投げる投手もいるんです。フォームが悪い投手を良いフォームにして球速が落ちて打ち込まれたら、何のための投球フォームか、ということになります。

100球以上投げるのはなぜだめなのか。肩肘への直接の影響もありますが、体全体が疲れてくることが大きい。腰が疲れてきたら他で補うとする。足首が疲れてきたら、他の部分で補おうとする。そのしわ寄せが肩肘に負担となってかかってくるわけです。

今年からマリナーズで投げている菊池雄星のようなエースでも疲れてくればフォームは崩れま

す。

「良い投球フォーム」は「球数制限」をしない理由にはなりません。

日本野球に欠けているフェアプレーの精神

「球数制限」にともなう「待球作戦」の問題では、僕はファンを信じています。露骨にそれをやったときにブーイングしてくれると思っています。

そもそも、球数制限が議題に上がった時に「待球作戦」が指導者から出てきたのは残念でした。「高校野球の指導者はそんなにレベルが低いんですか」ということです。

野球で頑張りたいという気持ちで入ってきた子を、「ファウル打ちばっかりする選手」にするんですか？　そんなチームに選手が行きたいと思いますか？　ということです。誰も楽しくないでしょう。実際に日本は国際大会で、そんな野球をしています。スポーツマンシップ以前の問題だと思います。

２０１９（平成31）年3月、イチローの引退試合になったマリナーズとアスレチックスの開幕戦が、東京ドームで開催されましたが、その際に「フェアプレー」を推奨するＭＬＢとＮＰＢが共同制作したメッセージ動画が流れました。アメリカ側は、相手ベンチ前にファウルを追いかけてきた選手を、相手チームの選手が支えてやるシーンや、ホームランを超ファインプレーでもぎ取られた打者が帽子を取って外野手に敬意を表すシーンが流れました。でも、日本側は君が代を斉唱しているシーンだけ。これを見て、アメリカにはフェアプレーの精神があるけど、日本にはないのだな、と実感しました。

夏の高校野球が終わると、U18のワールドカップが始まります。日本は甲子園で活躍した選手を中心に侍ジャパンを結成して戦いますが、投手交代のときに監督がマウンドに行かないのはほぼ日本だけです。

昨年は、夏の大会で力投して疲れ切っていた金足農の吉田輝星も選ばれた。彼はこの大会でも先発で投げさせられた。でも、降板させるときに永田裕和監督（元報徳学園監督）は、マウンドに行かなかった。吉田にだって、プライドがあるだろうに、と思いました。

日本の指導者は、選手ってそういうものだと思っています。選手へのリスペクトなんて考えもしていないんですね。

健康面を重視する指導者がいてもいい

そもそも「球数制限が必要ない」と言っている時点で、選手のことを考えていないということになるのではないですか。例えば、「何球投げても大丈夫」というデータが出ていて、それを根拠に言っているのならまだ肯定できますが、何も調べずに感覚だけで適当に言っているわけです。「あいつは連投がきく」って、監督が怖くて無理をしているだけです。監督が、学校のプレッシャーを感じているといいますが、多くの監督は、就任の時に経営陣に「僕は勝たせますよ」と言っているはずです。勝手にハードルを上げているという部分もあるはずです。

例えば、就任時に、

「僕は、健康面を考えたい、だから投手をたくさん作りたい」といえば、経営側も納得するんじゃないでしょうか？

高校生で消耗することの虚《むな》しさ

身もふたもない言い方をしますが、アマチュアでどれだけ投げて活躍しても、何の価値もありません。お金にもなりませんし、将来の成功も約束されません。野球選手になるのなら、プロで投げなければ一円にもなりません。なのにどうしてそんなに無理をするのか？

投手は「一生で投げる球数が決まっている」と言いますが、それを高校生の時に使い果たしてしまって、どうするのでしょうか？　例えば、松坂大輔は日本の野球界に多大なる貢献を果たしました。彼のフィーバーにより、甲子園は盛り上がりました。野球界は潤いましたが、彼が甲子園であそこまで投げなかったら、彼のピークはもう少し後ろにずれこんでいたのではないでしょうか。30歳過ぎからいい投手になっていたら、メジャーリーグで最高の投手に与えられるサイ・ヤング賞をとっていたかもしれません。もし、日本人初の快挙を果たしていたら、甲子園のフィーバーを超えていた可能性もあったのではないでしょうか？

「球数制限」は、いっぱい考えなければならない日本野球の改革の一つの要素にすぎませんが、とっかかりとして導入しやすいのであれば、やるべきだと思います。

論7 新潟県高野連の「挑戦」

NYBOCの存在

新潟県高野連は、2018年12月22日の「NIIGATA 野球サミット 2018（主催：新潟県青少年野球団体協議会）」の席上で、2019年4月の第140回北信越高校野球・新潟県大会（春季県大会）において100球の球数制限を実施すると発表した。

重要なのは、新潟県青少年野球団体協議会（NYBOC）の存在だ。ここには新潟県高野連だけでなく、新潟県中体連軟式野球専門部、新潟ボーイズ、リトルシニア新潟ブロック、リトルリーグ新潟ブロック、新潟県スポーツ少年団、ヤングリーグ、ポニーリーグと県内のすべての少年野球団体が加盟している。新潟県内では新潟県高野連も他の団体も「野球を通して子どもの未来を考える」同志、仲間になっている。この協議会に加盟する「野球障害ケア新潟ネットワーク」は、2012年からサイトを立ち上げ、野球による健康障害についての情報発信や啓もう活動を行っている。「球数制限」の導入は、こうした少年野球界を挙げた「一枚岩」の活動を通して生まれた。

さらに言えば、新潟県青少年野球団体協議会の上部には、学生野球、社会人野球、女子野球、独立リーグ（新潟アルビレックスＢＣ）から、新潟県還暦軟式野球連盟までもが参加した新潟県野球協議会がある。新潟県青少年野球団体協議会は、新潟県野球協議会の「強化育成部門」と位置付けられている。多くの地方では、プロ、アマ、学生野球、独立リーグはバラバラに活動し、連携はほとんどないのが現状だ。この「縦割り」が、野球改革の取り組みの障壁となっているが、新潟県ではその障壁はなく「みんなで野球を考える」ことが当たり前になっている。

『野球手帳』から始まった取り組み

ＮＹＢＯＣの２１ｃ型（にいがた）穂波プロジェクトの前プロジェクトリーダーで、新潟明訓高校教頭、野球部監督の島田修は、ＮＹＢＯＣの活動について説明する。

「ＮＹＢＯＣの活動のスタートは、『野球手帳』の配布から始まりました。新潟リハビリテーション病院の山本智章院長のご指導で作ったものです。これを県下の野球をする子供に配りました。この手帳には『成長期の骨や関節の特徴』『成長期の野球選手に多い障害』についての解説、『障害予防チェック法』や『ストレッチング』、『投球動作の基本』など故障を予防するための基本が記載されています。お医者様に行くときにもっていけば、故障やけがの記録も残ります。これを小学校から高校までずっと持っていてほしい。この取り組みは、ＷＨＯが主催

野球手帳

する『運動器の10年』で、日本賞を受賞しましたが、NYBOCは発足時から障害予防に重きをおいていたのです」

高校が率先して範を垂れる

この取り組みから「高校野球の球数制限」に至るには多少の経緯があった。

「野球手帳の後に、『21c型穂波プロジェクト』という取り組みを始めました。私がプロジェクトリーダーとなりましたが、これは『始めよう』『楽しもう』『続けよう』をスローガンとして、野球競技人口の減少を食い止め、広げていこうというものです。その『続けよう』の部分が、障害予防につながります。この部分でも学童層への危惧が一番大きいのですが、全体の影響力を考えると子供たちが目標にする高校野球が範を垂れるべきではないか。率先して『子どもたちの将来』を考えるべきではないか、という方向性が見出《みいだ》されたのです」

2018年12月の「NIIGATA 野球サミット 2018」で「高校野球の球数制限」が提案された。しかし、テーマができた当初はすぐに実行できるという認識はなかった。

「すぐに実現するような目標ではなくて〝がんばっていきましょう〟という感じでした。しかしこの夏、金足農の吉田輝星選手の酷使が大きな問題になりました。それもあって、新潟県高野連は理事会や監督部会の意見聴取を行い、春季大会限定で導入することが決まったとうかがいました」

異論は予想されたほどではなかったという。

「高校の指導者の一部には反対の声もありましたが、ＮＹＢＯＣの活動を8年もやっているうちに、野球をする子供の健康障害への意識は高まっていました。高校野球が率先すべきという意識が浸透しているので、きちんと取り組もうという前向きな議論が行われたようです。

新潟県は、問題意識を常に持ち、全国に先駆けていく県なのだという認識が定着していたと思います。小中学校の指導者へのアンケートでも、8割以上が導入に賛成でした。こうした取り組みはＮＹＢＯＣを作ったという新潟県でしかできないだろうと思ってはいました」

意外だった日本高野連の決定

発表後に日本高野連の、「時期尚早」という判断に、新潟県では驚きの声が上がったという。

「日本高野連の反応そのものは予想できましたが、差し止めの指示が出たのは意外でした。新潟県だけのことで、しかも春の県大会だけであり、甲子園につながる夏の地方大会からやるとは言っていません。限定的なテストとしてやるだけだったのに、ここまで大きな話になって驚いている指導者は多かったようです。県高野連は球数のカウントなど受け入れ態勢も整えていたので、困惑したのではないでしょうか」

「有識者会議」に求めるもの

そして２０１９年4月、新潟県高野連の富樫信浩会長も含めた13人の有識者による「投手の障害予防に関する有識者会議」が始まった。

「私たちの目標は『球数制限』だけではありません。『球数制限』は野球の未来を考えていく上での一つのファクターにすぎません。〝100球に根拠がない〟という意見はもちろん理解できますが、根拠を出すために仮説を並べ始めれば、10年くらいすぐに経《た》ってしまうでしょう」

有識者会議では、ファウル打ちによる「待球作戦」や、有力私学と複数の投手を用意できない学校の格差の問題も論点になっている。

「もともと『選手の健康を守ること』と『勝敗』の間には相いれない価値観が交錯しています。それを解決するときに欠かせないのが、スポーツマンシップでしょう。

サイン盗みの問題もそうですが、ルールの意義を指導者が尊重しない限り、どんなルールも有効にならないでしょう。『球数制限』も、逃げ道はいくらでもあります。スポーツインテグリティ（高潔性・健全性）という言葉がありますが、有識者会議の皆さんに限らずスポーツに携わるすべての人々が理解していく必要があると認識しています。『球数制限』に一定の結論を出したから、〝これで一丁上がり〟というのでは困ります。そこから議論を広げていただきたい。

とにかく、我々がやろうとしたことは、小さな試みにすぎません。誰も検証しないから、我々でやってみようと思っただけです。

それよりも『球数制限』でいえば、全日本軟式野球連盟が今年から導入を決めた『学童野球の球数制限』の方がはるかに大きな取り組みでしょう。そういう動きとも手を携えて、今後も歩みを進められるよう手助けしたいと思います」

2章

医学的側面から見た「球数制限」

選手、指導者、関係者に最も知ってほしいのが野球の「医学的側面」だ。ここでは、3人の医師とコンディショニングコーチ、トレーナーの見解を紹介する。

端的に言えば、今の日本の野球少年の健康被害は、大人たちの「怠慢」によってここまで大きくなっている。そのことを認識していただきたい。

野球少年たちは、医療と指導者の不幸な関係の「被害者」だ

日本の医師たちは、1970年代から野球少年の「健康障害」について、危機感を抱いていた。病院やクリニックに肩、肘、腰などを痛めた少年たちが多数やってきたからだ。

また2011年には、一般財団法人運動器の10年・日本協会が設立され運動器疾患・障害の早期発見と予防体制の確立が叫ばれ、野球少年の「健康障害」も、運動器疾患・障害の一つと捉えられるようになった。

しかし、当の少年野球の指導者は、永らくこのことを問題視してこなかった。一つには理解力に乏しい指導者が多かったことがある。

こうした指導者も、子供たちが突然野球ができなくなるケースはたくさん目にしてきた。しかしこれらの健康被害について、自分たちの責任だと思う人は少なく、ほとんど問題にしてこなかった。

そして練習や試合で無理をして野球ができなくなることを「燃え尽きる」という都合の良い言葉に言い換えてきた。この言葉はケガや故障を美化している。また「野球ができなくなるのは選手の責任」というニュアンスが色濃く感じられる。

指導者の多くは、今に至るも医療関係者と接触したがらない。そして医療の側も指導者に理解してもらうことに対して、半ばあきらめているように思われる。

野球少年たちは、こうした医療と野球指導者の不幸な関係の被害者だといえる。

近年、野球少年の健康障害に対する問題意識が高まり、全国で整形外科医や理学療法士などによる野球少年の健診が行われるようになった。MRIなどで肩肘をチェックし、異常が見つかった場合は精密検査を行ったり、体のケアやトレーニング法を教えたりしている。

少年野球の指導者の中には、健診には参加するが主力級の投手は連れてこないケースも散見される。主力級は投球過多や練習のし過ぎで肩肘に障害を負っている可能性が高い。健診でOCD（離断性骨軟骨炎）などが見つかった場合、長期のノースローになることも多い。目先の勝利を追求したい指導者は、それを恐れているのだ。

2019年1月、神戸で行われた野球ひじ検診

野球少年の健康被害は、高校生、中学生、小学生でそれぞれ障害の種類や症状も異なっている。深刻なのは、最も気を付けるべき小学生段階の指導者のレベルが最も低いことだ。この時期に適切な治療、ケアを受けることができなかったために野球を断念する子供も相当数いると思われる。

高校野球に進む選手は、特に有力校の場合、こうした小中学時代のハードな練習に耐えたサバイバーだということができる。

野球指導者には、青少年野球の現状に対して、重大な責任がある。今こそ、野球医学に正対して、正しい医療知識を身に付けるべきだろう。

論1
古島弘三「指導者と親の意識改革が必要」

群馬県館林市の慶友整形外科病院、整形外科部長・慶友スポーツ医学センター長の古島弘三は、トミー・ジョン手術なども手掛ける日本を代表するスポーツドクターだ。早くから野球少年の健康被害について警鐘を鳴らし、群馬県内を中心に大規模な検診や講演会を行ってきた。その席上で「球数制限」の必要性について訴えかけてきた。

「野球による健康障害」の最前線に立つ医師の見解を聞いた。

「世代」で考えるべき「健康障害」

「球数制限」は、高校生だけの問題ではありません。

小学校、中学校、高校と「世代」で考えていく必要があります。成長の過程で「投げすぎ」でどんな負荷、負担がかかっているのかを細かく見ていかなければなりません。

慶友整形外科病院慶友スポーツ医学センター長
古島弘三

小学生の段階では、未熟な骨で、ボールを投げることでどんな負担がかかっているかもわからない。中学では、中1から中3まで成長過程もバラバラですし、自分の体の大きさが変化するときに、無制限に投げていいものかどうかも考えないといけない。

小中学生で一番多いのは肘内側障害です。主に靭帯が付着している部分の骨折（裂離骨折）と内側側副靭帯損傷です。検査すると40～50％の割合で障害の既往が見つかります。ただ早期にしっかりと治療すれば重症化せずに済みます。一方で、数は数％と少ないですが、深刻なのがＯＣＤ（離断性骨軟骨炎）です。ＯＣＤは多くは小学生で発症します。軽いものであれば知らないうちに治癒していることもあります。またＯＣＤの病巣が多少大きくても治りますが、1年以上のノースロー期間が必要になるなど治るまで時間がかかります。

早いうちから痛みを訴える場合や、全く自覚症状がなくて中学に入ってかなり重症化して見つかることもあります。さらに重症化したときには、手術がどうしても必要になってしまいます。手術は肘または膝から採取した骨軟骨を肘の損傷した部分に移植して修復します。

高校生では内側側副靭帯損傷は依然として多く見られますが、ＯＣＤが発見されると手術が必要になることが多くなります。小中学校からのＯＣＤの古傷が完全治癒せずに残っている場合は、そのまま投げ続けると肘の軟骨がぼろぼろになって日常生活でも困ってしまうこともあり注意が必要です。

いわゆる「球数制限」によって、医療の側が求めるのは「障害の数を減らす」ということが一番大事になってきます。障害の数が多い程、重症になって手術をしなければいけない子が増えてきます。「障害の数」が減ることで、手術が必要なほどの重症の子は少なくなるのです。障害の母数を減らすことが急務です。

「何のために野球をやっているのか」を考える

極論を言えば、小、中、高の各段階で、過度な投球を抑制し、適正な指導を行っていれば、肩や肘を痛めることなく、ずっと競技生活を続けることができるはずです。どこかで投げすぎているから障害が起こるわけです。

肩や肘を壊した投手には、必ず「あのとき投げすぎたから」という心あたりがあるはずです。「球数制限」の議論をすると、指導者も「何のために野球をやっているのか」を立ち止まって考えるようになります。それが大事ですね。

特に高校生の場合「球数制限」の議論は、スポーツマンシップを考える良い機会にもなり有意義なことです。

それから、練習から球数を意識する、ローテーションを組んで試合で投げさせる、1週間の投球数を決める、複数投手を育成する、投球フォームを考える、ケガが将来にどう影響するのか、ケガしないようにするにはどうしたらいいか、ケガせずうまくなるにはどうしたらいいか、等々、「球数制限」を意識すると野球に対する取り組み方そのものが変わってくると思います。

子供にとっていちばん大事なのは「ケガをしないこと」

肘の靭帯は一度損傷してしまうと、なかなか修復しません。傷ついているのになおも同じ動作を繰り返すと、積み重ねでどんどん悪化していきます。

高校時代に球数を投げすぎた選手が、その後活躍できなくなるケースはそういう病態が多いと思います。投げすぎたことによって傷ついた、痛めた。さらに、その先でなおも同じようにたくさん投げ、痛みを繰り返すから、選手寿命に影響するわけです。

だから指導者は、第一に投手がケガをしないように守ってあげないといけないのです。ケガをしなければもっと先で活躍できているかもしれない。投げさせ過ぎによるケガで野球を断念させてしまっているのは、その子の人生を奪っているようなものです。

残念なことに、ケガを第一に守るという考えを持っている指導者が少ない気もします。「育てる」という感覚をもっと持つといいとも思います。スポーツの現場において、選手をケガさせずにどう育成するかを考えることが指導者としての世界標準の考え方なんです。

ただ、どれだけ投げれば故障するかのデータはありません。そういうデータを出すのは難しいのです。研究として、投げ続ければ「何球あたりで疲労がくるのか」という実験はしていますが「何球でケガをするか」の人体実験をするわけにはいきません。

それでも疲労の蓄積がケガにつながるのは明らかなので、故障する危険性は「疲労度」で判断します。

もし子供が将来、野球選手として活躍したいのなら、小さいころに必要なことは「速い球を投げる」ことでも「大会を勝ち抜くこと」でもありません。とにかく「ケガをしないこと、させないこと」ですね。それがキーポイントです。

良いフォームでも、ずっと投げ続けることはできない

「もっと投げられるかもしれないのに、それを抑制するのか」という反論があります。

でも、人間は動作の無限の繰り返しの負荷には耐えられません。

100回スクワットができる人はいても、無限にずっとやり続けることができる人はいません。投球だって、100球、200球と球数が増えてくれば、筋疲労してきます。そうなると筋出力が上がらなくなり、骨と関節に負担がかかってしまうのでケガのリスクが高まります。だから、投球数の抑制をすることが必要なわけです。

良いフォームで投げると故障しないといいますが「1球目から100球目まで同じ投げ方ができるか」といえば、それもまた不可能なのではないでしょうか。疲れてくれば、だんだんフォームが悪くなるわけです。

「投手は投げ込みで鍛える」という指導者はいまだにいます。良いフォームを固め、制球力をつけるには投げ込みをさせるしかないという理屈です。ケガと紙一重の状態でやらせているわけです。

でも、「子供にはケガをさせないんだ」という意識、「今ここでの勝利を追求するのではなくこ

の子が将来もっと高いレベルでやれるように育てるんだ」という意識があるなら、練習で投げさせすぎることはしないはずです。

高校生ともなれば、体の成長期は終わっているかもしれませんが、技術の習得という意味ではまだ成長期です。そこに昔ながらの日本の反復練習、意味のない根性論的な練習内容を課せば、技術の習得どころか、身体の損傷につながりかねません。

高校野球は、小、中の野球に大きな影響があります。高校野球が率先して「球数制限」を導入して、選手の健康のためにケアするようになれば、小中学の指導者もそれに倣って選手の健康に気を使うようになるのではないでしょうか？ なって欲しいと思います。

「球数制限は何のためにやるの？」という命題から、「選手の肩肘を守るため」「選手を育成するため」という意識に指導者の考えがシフトすることを望みたいですね。

指導者の問題が大きい

少年野球の指導者のなかには、野球障害の知識を学ぶ気持ちが足りていない気がします。「球数制限」の話をしても「ふーん」とうなずくだけです。「そんな制限をしたら野球が楽しくなくなるじゃないか」と反論する人もいます。率直に言って指導者のインテリジェンスの問題もあると思いますし、このような記事には目を通さない方々なのだとは思います。

少年野球に通わせる多くの親は、プロに行かせたいと思っている人が多いと思います。そう思うことは決して悪いわけではありません。でも、子供がケガをするまで、自分たちが我が子に何をさせていたのか、が理解できない。ケガをして、我が子が長期間野球ができなくなって初めて気が付き、後悔するわけです。

よく、小学校で野球をしていた子供が、中学で野球をやりたくない、指導者が厳しい、怖い、殴るからというのを聞きますが、暴力を振るう指導者が、子供の肘を守ろうなんて思うはずがありません。それに、子供の目の前でタバコを吸うことも子供を守る意識に欠けていると思います。タバコは子供の体にとって相当な害ですから。タバコの煙が子供に降りかかっていることすら気づかないのです。少なくとも子供の目につくところではタバコは我慢して欲しいところです。

先日、診察に来た小学6年生は、4年生から投手として投げてきた。球数制限はなくて、大会が始まると毎回土日に連投してきた。

疲れても「休みたい」と言い出せる雰囲気ではなくて「親も子供もチームのために頑張る」……という状況です。

幸い痛みは出ていませんが、レントゲン上は骨が大きく剝《は》がれてしまっていて、痛みを伴ってしまったら相当な重症例になります。

その子に「何のために投げているの?」と聞くと「チームが勝つため」と答える。その気持ちが決して悪いわけではありませんが、そういう意識になっているのがまずいですね。はっきり言って、子供が自分の肘を犠牲にしてチームのために頑張ってしまう状況を大人が作り出してしまっています。

私は昨年、一昨年とドミニカ共和国の少年野球を視察しましたが、ドミニカ共和国では指導者が、勝ち負けでなく、肘肩を壊さないように、それが第一だと子供たちに教えていました。

見本となるチームを作るしかない

当院には、肘や肩を故障をした野球少年がいっぱいやってきます。そういう子には「君の肩や肘は今故障しているから少し休養が必要だね」と言います。

子供や親にいろいろ聞いていくと結局、指導者が目先の勝利のために選手に長時間練習させて、試合でもたくさん投げさせているから、こんなに故障が多いのだということがよくわかります。指導者の意識を変えないことには解決しない、と思いました。

でも、お母さんに「こんなに練習したら、子供が壊れるからと監督に言ってくださいね」と言っても指導者に面と向かっては言えないんですね。普段から怒声罵声《ばせい》をあびているので。だから10年前に「慶友野球セミナー」をはじめて、指導者向けの講演をはじめました。でも聴きにやってくるのは、もともと理解のある人たちだけです。本当に聴いてもらいたい人は来ない。

毎年セミナーを続けていると、スポーツ少年団野球部会の関口善三郎会長がたまたま聴いていてくれて、その後に講習で話してくれないかという依頼がありました。年に2回講習会をして、県内の約800人いる学童野球指導者全員に絶対聞いてほしいということで、会長が指導者ライセンス制にしてくれました。講演を聴かないと指導者はベンチに入れないようになりました。

これで、多くの指導者に私の思いが伝わるようになりました。でも、話していると一部の指導者の視線が厳しいんですね。そのときは受講者が敵だらけに見えました。でも、障害のために投げられなくなった子供たちを毎日のように診察していると、ここで私が引いてはいけない、悪いのはどっちだ、と言い聞かせながら頑張ろうと思いました。わかってくれる人もたくさんいましたが、全員に浸透させるのはなかなか難しいと感じました。

こうなったら、いつか見本となるチームを作ってみるしかないと決心したのです。言ってもダメなら自ら行動するしかないと思い至りました。私は２０１９年４月に、少年硬式野球チームの「館林慶友ポニーリーグ」を立ち上げました。私たちが設立したチームは、根本的に子供に故障させないチーム、勝つためだけを目的としないチームです。短時間練習、お茶当番なし、長期的な育成を目標としました。

我々のチームがポニーリーグを選んだのは、指導理念がしっかりしているからです。「目先の勝利」ではなく「子供が主役」で「子供の未来」を考えているからです。

指導者や親の意識改革が一番重要

講演を続けているうちに、指導者たちの理解も少しずつ変わってきました。群馬県の各地区スポーツ少年団は、昨年「球数制限」を導入することになりました。スポーツ少年団の会議ではみなさんご理解ある方々が多いので、どんどんといい方向に話が進んでいきました。

私は当初、いきなりは無理だろうと思っていましたが、全軟連が70球制限を打ち出す1年前の会議で提案をしたら

「ここまできたらやるしかないんだから、球数は70球にしちゃいましょう。変えるんだ、という

意識をしっかり見せましょう」

となりました。理解ある大人の決断で、こういう思い切ったことがすぐに実現できるんです。あっという間に決まりました。

昨年からスポーツ少年団の群馬県大会で70球の球数制限をして、今年から各地区大会も70球制限になりました。

総合的に考えれば、指導者や親の意識改革が一番重要でしょう。

指導者や親が「子供たちを守る」ことを第一に考えるようになれば、究極に言えば「球数制限」なんてルール化は必要ありません。そう考えている大人ならば無理させることはありませんから。でも、現実はほど遠く、そうなっていないから「球数制限」というルールを導入せざるを得ないということだと思います。

ぐんま野球フェスタ2019での野球ひじ検診

論2

馬見塚尚孝「投球障害のリスクを考えよ」

ベースボール&スポーツクリニックBaseball & Sports Clinic野球医学センター長の馬見塚尚孝は、整形外科医。また大学まで野球選手。筑波大学大学院に進み、硬式野球部のチームドクター、野球部長も歴任した。野球ドクターとして多くの選手の診断、治療を行うとともに、練習方法や投球法などの実践的なアドバイスを行ってきた。野球の現場を最もよく知る医師からの直截的な提言だ。

投球数制限のルール化

多くの研究で、投球数が増えると投球障害のリスクが高まることが指摘されています。また、繰り返し投球することで、関節にかかる負担も増えることがわかっています。これらのことから、「投手の試合での投球数制限のルール化」が議論されています。しかし、結論から言うと、「投手の試合での投球数制限の

ベースボール&スポーツクリニックBaseball & Sports Clinic野球医学センター長　馬見塚尚孝

ルール化」導入は、スポーツにかかわる様々な分野の視点で考察が必要だと考えています。例えば、投球障害のリスクには投球数のほかに投球強度、投球動作、コンディショニング、個体差など5つの関係する事柄を併せて考慮することが必要なことがわかっています。また、「ルール化」という対応が次世代の日本野球の〝理念〟とマッチするかどうか考えなければならないでしょう。次世代の人材育成の方向性とどうやって協調するのか？ も考えておかなければなりません。

3つ目は、選手が困っているのは投球数過多による肩、肘の故障だけではありません。腰椎障害もかなり大きな問題ですし、野球の現場での一次救命措置が十分にできていないのも気になります。「投球数制限」だけでなく「安全管理」全体に切り込むべきではないかと思います。

投球障害リスクのペンタゴン

投球障害のように繰り返して力学的ストレスがかかってものが壊れる現象は、工学の分野で「疲労」という名前でよく研究されています。人間の身体もこの「疲労」という現象で分析可能なことも報告されています。この疲労では、繰り返し力がかかってものが壊れるときは、「回数、力の大きさ、力のかかる方向、実験条件、物性」が関係するとされています。これを投球でいうと、投手の投げる回数（投球数）、投球の強度、投球フォームの良し悪し、コンディショニング、そして投手個々の個人差という5つの要因に分類できます。

投球数はこれまで言われた試合などでの投球数を示し、「投球強度」とは全力で投げているのか脱力して投げているのかを示します。

投球障害リスクのペンタゴン

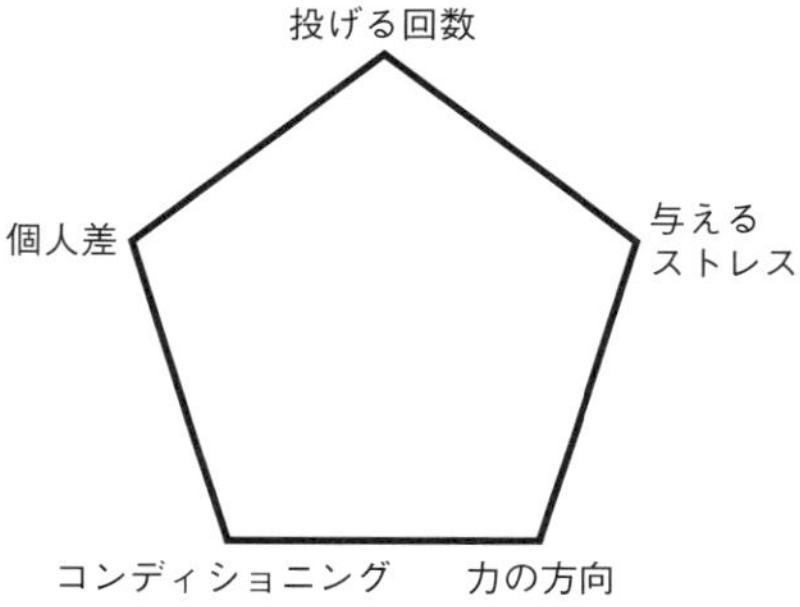

投球フォームの良し悪しは、球速が速いといったパフォーマンスが高いことに加えてケガをしにくい投げ方かどうかも評価対象です。

コンディショニングとは、暑いや寒い、連投して疲労気味かどうかを考えます。

個体差とは、身長が高いか低いか、骨の成熟が十分かどうか、体格が良いかどうか、柔軟性があるかどうかなどです。

最近のメジャーリーグの選手を対象とした研究でも、投球数以外の要素として球速が大きいこと、投球動作のタイプ、体格など投球数以外の障害リスクが示されています。日本の小学生を対象にした研究でも、投球数を1日50球に制限しても、1年間に30％近くの投手が肘に痛みを経験することがわかっております。この30％もの選手が肘を故障してしまうルールではみなさんが思っているような効果があるわけではなく、投球数以外の要素を併せて考えてあげなければ予防を果たせないでしょう。

投球数は比較的容易に他の方が調べることができますが、投球強度、投球動作、コンディショニング、個体差などは、選手や指導者の方の感覚による評価に頼る部分があり、これを評価するツールとして「投球障害リスクのペンタゴン」を考案して使っています。これは関係する5つの因子をレーダーチャートで選手自身や指導者などが評価し、日々のリスク評価に用いるというものです。例えば、新しく入った新入生などは投球動作も未熟で個体差である身長も伸びつつあって骨も弱いため、投球強度である全力投球をしないように選手が指導者と相談して自己評価する方法です。また、試合が続きコンディションが悪いときは、投球数を減らすこと、球速を落とすことや関節へのストレスが少ない緩い変化球などを多くすることで投球強度を下げることも有効です。大船渡高校の佐々木投手が球速をあえて落として緩めの変化球を投げているのもその一例でしょう。

このような視点で考えると、投球障害を減らすためには投球数の調整とともに他の要素を選手と指導者が評価する仕組みを学ぶことが必要だと考えるのです。また、その対策として、「ペンタゴン」を考慮することが望ましいと考えるのです。

ルール化の弊害と日本野球の未来

選手の投球障害を予防するために検討されているのが「投球数制限のルール化」という方法ですが、この「ルール化」を検討するにあたって2つのことを知っておきたいところです。ひとつは、「法は最小限の道徳規範である」ということばにあるように、道徳という言葉がより高みを目指すことを示しているのに対し、ルール化は最低限をクリアすることをイメージできます。投球数でいうと、「100球までいいよね」という最低限の課題をクリアするのがルール化です。この道徳という分野も研究がなされていて、心理学者であるローレンス・コールバーグの「道徳性発達」の理論では、ルールや権威者の罰や制裁を回避し権威に対して盲目的に服従することは

「他律的道徳性」という状態で、「5～9歳児」あたりの能力であるといわれています。例えば、「叱《しか》られるといやだから…」や「罰せられるといやだから…」などの思考です。

投球数制限のルール化は、要は指導者が選手の今と未来を考えて投球数や選手交代を考えるという「自律的道徳性」では不十分で、「他律的道徳性」で管理が必要だという発想ですが、野球界の中で育った者としてこれには違和感を持っています。というのは、これまで日本野球は「野球を通じて人材育成を目指す」という方向性で選手育成をしてきたことを見てきたからです。規律、尊敬、正義という言葉に代表されるように、よき人材育成が日本野球の指導の中に入ってきました。これは、アメリカ野球を見学したときに感じたことですが、アメリカでは選手を育てるために、家庭、学校、地域、スポーツ、そして宗教がその役割を分担しているようです。

一方、日本では、核家族化、学校での先生の事務作業の増加、地域のふれあいの減少、宗教のかかわりの薄さなど、人材育成におけるスポーツ以外のかかわりが小さくなりつつあります。このためスポーツにおける人材育成の役割が相対的に大きくなっていると考えています。

このようにルールや大人からの指導で動く他律的なものではなく、こどもたちが主体的に自己決定する教育法が注目を集めています。ある幼稚園では、子どもたちは「おしごと」と呼ばれるなんらかの作業を自ら選んでもくもくとこなす。さまざまなおしごとのなかから、子どもたちがその日の気分で好きなものを選んで取り組む。子どもたちが好きな教具を自由に選び、遊びながら学ぶ。大人から指示されなくても、子どもは自分自身を教育するために必要なおしごとを自分で選ぶことができて、ちょうどよいおしごとに出会うと深く集中できる。先生はほとんど教えない。困ったときには大人がお手本を示すことで、〝1人でできるように〟手伝うそうです。

私も同じような〝実験〟を大分県の中学野球部で行ってきました。それは練習内容や戦術を選手自身が決めるコーチングです。例えば、ウォーミングアップの効果が深部体温を上げること、柔軟性を上げること、動体視力を元気にすること、今から行う運動の予備運動をしておくことなどと説明し、「この課題を達成するウォーミングアップをみんなで決めてみよう！」というような具合です。そうすると初日はみんなでサッカーを始めました。一通りウォーミングアップとしてのサッカーを終えた後、選手に「ウォーミングアップはどうだった」と質問しました。そうするとある選手が、「本当は動いて運動体験したり深部体温を上げる必要があるのに、動いてない選手がいました」と。じゃあどうするの?と聞くと、「今日は2チームだったのを、ボールを一つ増やして4チームでやります」といったような工夫をしてきました。

そんな感じで選手に判断を任せていると、自ら考えるような選手たちになっていったので。さらに今度は選手たちが昼休みにミーティングをはじめ、そこで出た練習方針をまとめて監督に提案に来るようになったのです。

その監督曰《いわ》く、「20年監督をしていたが、こんな主体的な行動を選手がしてきたのは初めてです。これまでどれだけ自分が選手の主体的な行動を邪魔していたのか反省しています」と。

今回の投球数制限のルール化は指導者の行動を上から規定するものですが、よき選手育成のためには野球界全体が「本当にルール化がよき選手育成につながる思考過程なのか？」再検討が必要なのだと考えています。

「投球数制限ルール化」のデメリットは？

「投球数制限のルール化」のみを単独に行うには、次のようなデメリットもあります。クリニックには多くの選手が肩や肘の痛みで来院されますが、最近多いのは「投球練習は50球しか投げないようにしているのに、肘が痛くなってしまいました」というパターンです。例えば、ある大学野球の投手は肩、肘の負担を考えてブルペンでは1日50球しか投げないようにしていました。しかし、試合では1試合を完投して150球程度投げるようなのです。このように練習では50球しか投げていないと、50球を投げることに身体が適応してしまいます。つまり、50球以降は疲れが出始めるのです。試合ではたとえ疲れたとしても球速などのパフォーマンスを落とすわけにはいきませんので、全力を超えた投球をしがちです。その結果、肩や肘へのストレスは大きくなり、動作も無理に投げるようになり、日々の投球練習を少なく設定していることが逆にリスク要因となってしまうのです。このような選手に共通しているのが、日々の練習での投球数を超えて投げると、途端にコントロールが悪くなって四球を連発したりします。つまり、投球数を減らした方が肩肘によいと思っていた思考が、逆に障害リスクを高めたりパフォーマンスを落としたりする可能性があるのです。実際、このような選手は多くみられ、「パフォーマンスを高めて障害リスクを減らす練習法」を学んでおかなければならないと痛感しています。すなわち、投球数制限のルール化の前に、このような知識をまとめた指導要領を作成し、それを学ぶ仕組みが優先されるべきだと考えているのです。

野球界の「人材育成」を見直すチャンスにはなる

ただ、この「投球数制限のルール化」に端を発した議論は、これまでの日本野球の取り組みについて見直す良いチャンスではあるでしょう。日本野球がやってきた「人材育成」は昭和の時代の「人材」を育成するときにはフィットしたものでしたが、フラットな人間関係、ハラスメント禁止、他律から自律への変化、コーチング学の進化など、新しい時代の変化に応じて対応しなければならないでしょう。一方、これまでの日本野球の良いところとして、規律、尊敬、正義や、壁にぶつかってももう一度チャレンジする「レジリエンスの養成」などがあります。しかも限りなくボランティアに近い方々の努力でなされてきました。この日本野球の良いところと変わらなければならないところをもう一度見直し、野球がよき人材育成の場として使われるのであれば、育成された選手は野球だけでなく広く世界で活躍できるようになるとともに、日本を代表するスポーツとして位置づけられるのだと思っています。

論3

松浦哲也「『球数制限』は野球改革の第一歩」

松浦哲也は、徳島大学大学院医歯薬学研究部特任教授。整形外科医として徳島県下の小学生の野球検診を多年実施、豊富な知見に基づいて少年野球に提言、アドバイスを行ってきた。また前任者の柏口新二（現国立病院機構徳島病院整形外科医長）らと『野球肘検診ガイドブック（文光堂）』などの著書も刊行。野球検診の第一人者に「球数制限」について聞いた。

徳島県内の学童野球の野球肘調査を実施

徳島大学が地域のスポーツ少年団の団員の野球検診を始めたのは、１９８１年からです。その2、3年前から予備調査をしていました。以来、40年近くが経過しています。

１９７０年代前半から、栃木県の小山市民病院や神戸大学病院などでも同様の検診が行われていましたが、市内などエリアが限定されていたので２００人未満の規模でした。それでも当時と

徳島大学大学院医歯薬学研究部特任教授　松浦哲也

しては画期的なことでしたが、徳島大学ははじめて全県で、千人弱の規模を対象に検査をしました。当時の整形外科教授であった井形高明先生の命により、教室員の岩瀬毅信先生（現国立病院機構徳島病院整形外科）が中心となり検診がスタートしました。その後、1994年から柏口新二先生、2006年から松浦が担当して現在に至っています。

検診開始当初から、疫学的な実態調査をしてきました。

調査を始めた頃は痛みを抱えている選手が約半数にみられました。その子たちのレントゲン検査をすると8割以上に異常が見つかりました。異常は成長途中にある骨や軟骨が傷んだ骨軟骨障害でした。

今もそうですが、野球検診は自由検診です。一次検診は医師、理学療法士、トレーナーや検査技師がグラウンドに出向いて検診します。検診を開始した頃の受診率は2〜3割程度。レントゲン検査が必要と判断した子には、手紙を書いたり、電話をかけたりして病院での二次検診をするように勧めたそうです。そのかいがあって、二次検診の受診率は9割程度あったそうです。

はじめて「球数制限」を設定する

そういう活動を繰り返すうちに、指導者、保護者、選手と交流が持てるようになったそうです。現場へ出向いて行っていろいろ調査もしたようです。そんななかで岩瀬毅信先生が初めて「球数制限」の基準を作られたのです。

岩瀬先生は、練習グラウンドで子どもの球数をチェックしました。すると、1日の全力投球数が投手では平均147球、捕手・野手では平均56球でした。さらに骨軟骨障害の発生率は投手で38・8％、内野手で12・9％でした。全力投球数、骨軟骨障害ともに投手が野手の3倍であり、全力投球数は「1日50球まで」が適当であろうと考えられたわけです。

この数字は、日本臨床スポーツ医学会の「1日50球、週間200球」というガイドラインの基礎データにもなりました。ただし、このデータは、少人数を対象とした後ろ向きの結果でした。

そこで、2007～2008年に私が投手約150名を対象とした前向き調査を実施しました。具体的には、2007年に肘に痛みの無かった小学生の投手を1年後に再度調査して痛みの出現と全力投球数の関係を調べました。そうすると1日50球、週間200球をオーバーする選手ではオーバーしない選手に比べて明らかに痛みを訴える数が多かったのです。これによって、1日50球、週間200球という基準は意味があることが追確認されたわけです。

徳島県軟式野球連盟、球数制限を導入

昨年から、徳島県軟式野球連盟は、学童野球の投手の試合での投球数を「1日70球以内」にしました。

その前年、十川佳久理事長から、「全国に先駆けて、球数制限をしたい」と相談を受けました。全日本軟式野球連盟は2012年度から「1日7イニング」というイニング数での投球制限を設けており、まずは実態調査を行いました。

昨年7月の県大会のグラウンドに検診スタッフを配置して、1回戦、2回戦でどのくらい球数

を投げるのかを調査しました。そうすると7回で平均１２０球（87～１６２球）を要することがわかりました。ガイドラインに準じると50球になるのですが、50球で制限すると最低３人、下手をすると４人が必要になる。選手が集まらないで困っているチームがある中で、これは難しいということになり、妥協的に70球にしました。ちなみにガイドラインでは中学生の制限数が１日70球です。

ただし、５、６年生はそれでもいいでしょうが、４年生以下は50球というルールを連盟側で追加しました。実際には連盟の審判や保護者が、球数をカウントし、アナウンスしています。

この制限を、指導者や保護者に承服してもらうのは大変でした。前述のとおり、徳島県ではずいぶん以前から「１日50球、週間２００球」という目安を設けていましたが、試合で守られるケースは稀《まれ》でした。特にチームにとって大事な試合では実質的に投げ放題になっていました。

１日70球以内で１年やってみると、その前は肘の痛みを訴える子が40％くらいいたのが、30％に減りました。これは統計的に有意な数字です。

この徳島県の学童野球のデータをもとに、今年、全日本軟式野球連盟は学童野球の球数を「70球」と決めたわけです。

痛みを訴える子が40％から10ポイントもなぜ減ったのか？　複数の投手を育成するようになったことや障害予防への関心が高まったことなどが考えられます。

ただ減ったとはいえまだ30％の投手が痛みを訴えているのは問題です。投球数制限があるのは公式戦のみで、練習試合では１２０球、１３０球投げさせているチームもあります。公式戦は年間試合数の数パーセントですから、実態としてはまだ投げすぎているチームがたくさんあります。練習試合までコントロールしていないのは課題です。

多すぎる試合数も問題

実は1日50試合、週間200球を前向き調査した時に、もう一つ、年間試合数と肘の痛みの関係も調べました。そうすると70試合以上と未満では障害の数が有意に違っていたのです。県内には100試合を優に超す試合数をこなしているチームがあります。試合数もコントロールする必要があります。これができれば、痛みを訴える子供はさらに減ってくるでしょう。

徳島県では、軟式野球団体が3つありました。昨年、3団体が発展的に解消して一本化されました。これによって、年間の試合数は減少し障害も減ると思います。

「球数制限」は、少年野球指導改革の第一歩に

私たちの調査を受けて、全日本軟式野球連盟は、今年から「70球」の球数制限を導入しました。私は5年、10年かかると思っていたので驚きました。

ただ、「球数制限」が独り歩きしている印象があるのも事実です。大事な要素ではありますが、枝葉末節にすぎません。大人が子供のからだの特徴をよく理解し、子供にとって野球とはどうあるべきかについてもっと考えていかなければいけないと思います。

論4

立花龍司「17歳までの年齢計画を立てるべき」

立花龍司は、大阪府出身のコンディショニングコーチ、プロ野球コーチ。近鉄バファローズのコンディショニングコーチを皮切りに、ロッテ、ニューヨーク・メッツ、楽天などでコンディショニングディレクターとして活躍。野茂英雄など多くの一線級の投手から高い信頼を得ている。また筑波大学大学院でトレーニング、コーチングを研究し修士号も得ている。投手のメカニズムの専門家に、「球数制限」について聞いた。

「骨端線」が閉じないうちに無理をする危険性

私は小学校から野球を始め、浪商高校野球部に進みましたが、ここで過酷な練習、特に投げ込みによって肩、肘を壊しました。野球一筋でやってきただけに、一時は将来を絶望しました。

そんな経験があるので「球数制限」の導入には賛成です。最近、ポニーリーグが「球数制限」

コンディショニングコーチ　立花龍司

を導入したのも素晴らしいことだと思います。

しかし高校だけで一律に「球数制限」をしても効果が出るまでには時間がかかると思います。私たちは大人のアスリートがトレーニングをするときでも、1年の年間計画を経て、メニューを決めて段階的に行います。

子供の場合は、1年ではなく、7歳から17歳までを考えた「年齢計画」を立てるべきだと思います。それをせずに高校で「球数制限」をしても中学で無制限に投げていたら、意味がありません。

なぜ17歳かと言うと、この年代は人間の成長を考える上で、重要な時期だからです。

子供の骨は大人の骨を小さくしたものではありません。骨の端に「骨端線」という溝があって、そこから柔らかい骨が出て骨化するのが、骨が成長する過程です。

骨端線が開いている状態では、先端に柔らかい骨が出て、そこに筋肉や靭帯がついています。その状態のときに、大人と同じように投げさせると、故障のリスクが極めて高くなります。

大人の骨を、乾いたグラウンドに草が生えている状態とすると、骨端線が開いている骨は、ぬかるんだグラウンドに草が生えているような状態です。乾いたグラウンドに生えた草と違って、ぬかるんだグラウンドに生えている草は、簡単に抜けてしまいます。同様に柔らかい成長期の子供の骨についている筋肉、靭帯は簡単にはがれてしまいます。1回の動きでめくれることがありますし、それを繰り返せば剝離します。子供の骨はそんな状態なのです。

骨端線が閉じるのは、個人差がありますが17〜18歳です。そこまで年齢計画を立てて「球数制限」をしなければならないのです。

キューバの低学年では1イニングごとに投手が交代

私は1995年にキューバに野球の勉強に行きました。そのときには報道番組である「ニュースステーション」も同行してくれましたが、現地の低学年から年齢ごとのナショナルチームを見て回りました。

小学校低学年では、1イニングごとに投手が交代します。そして投手はワンバウンドになるようにふわっと投げます。思い切り腕を振らせません。ノーバウンドで投げさせると腕を振ってしまうので、あえてワンバウンドで投げさせているのです。捕手は本塁から少し離れた位置で、ワンバウンドで捕球します。ストライクゾーンもものすごく広い。手の届くゾーンは全部ストライクです。打者はそのエリアなら手を出します。

この時期の投手に求められるのは、「大体この辺に投げることができたらOK」ということです。そして審判は投手の後ろでストライク、ボールのコールをします。審判は1人でアウト・セーフもジャッジします。

高学年になると少しずつストライクゾーンが狭くなって、キャッチャーも座ります。それでも投手は2イニングくらいで代わっていたと思います。

17歳、18歳で大きく伸びるためには、小学校の段階はこういう野球でもいいなと思いました。

また、キューバでは野球のスターは4番ショートです。投手はあまりやりたがらないこともあって、投げすぎなどの被害は起こらないようです。

これも日本の「球数制限」を考えるうえで、大いに参考になるのではないでしょうか。

レントゲン検査も制度化すべき

高校での「球数制限」もどこかで線を引くべきだと思います。特に高校1年は、骨で見れば中学生と大差がないので、絶対に「球数制限」は必要でしょう。

子供の肩、ひじ、腰の骨端線が閉じているかどうかをレントゲンで見れば、その選手が「球数制限」が必要かどうかはわかります。でも、現時点ではケガをしていない子の骨をレントゲンで診るときは保険がききません。費用が余計に掛かります。

今後は子供の健康を守るためにも、国を動かして、保険内診療にするか、助成をつけるかするべきだと思います。

それより上の子は、一律で「何球まで」というルールが必要かというと、そうではないと思います。

アメリカ、サンディエゴにあるスクリプス研究所は、ノーベル賞受賞者を何人も出した有名な研究施設ですが、近鉄時代、ここで野茂英雄投手など、近鉄の投手のフォーム動作解析をしてもらったことがあります。

メカニカル効率を測定しましたが、効率よく投げている投手はある程度の球数を投げても大丈夫ですが、1カ所に負担がかかっている選手は故障の可能性が大きいです。フォームの問題も大切です。

さらに、骨端線以外にも、腕の可動域の問題や、筋肉の問題もあります。「球数制限」について議論をする場ができたことは素晴らしいですが、先ほども言った通り「年齢計画」を決めて、中学、小学校も一緒になって考えるべきでしょう。

日本のプロは投げさせすぎ、アメリカは投げなさすぎ

3年前に「ベースボールマガジン」に寄稿しましたが、プロ野球のレベルで言えば、日本のプロは投げさせすぎ、アメリカは明らかに投げなさすぎです。

テキサス・レンジャーズの社長に大投手だったノーラン・ライアンが就任してから「もう少し投げさせてもいいんじゃないか」という方針になりました。

それまで100球前で降板していた投手をもう1イニングだけ多く投げさせたら、明らかに成績が良くなったんです。そういうことも起こります。

ただし、レンジャーズはいきなりそれを実施したわけではありません。シーズン終了後に投手を集めて、キャンプを張りました。普通メジャーでは秋季キャンプはありませんが、特別に実施しました。

「来シーズンは少し球数を増やすよ」と投手に説明をして、まず腕の可動域を広げ、体の柔軟性をつける「フレキシビリティキャンプ」をやりました。その次に筋力を強化する「ストレングス

キャンプ」を行った。球数を増やすチャレンジのために準備をしたのです。

やり方を変えるためには、何事によらず、そうした計画的な準備が必要です。そうでなければ、チャレンジはできませんし、期待した結果も得られません。

そのことがちゃんとわかって、プランを立てることができる指導者がいることが前提になります。

それを考慮すれば、「球数制限」の導入と同時に指導者のレベルを上げなければならないということになるのではないでしょうか。

イニング制限もあっていい

データがない段階では、イニング制限をするのも有効でしょう。小学校は4イニング、中学校は6イニング、高校は7イニング。プロ野球は国内のリーグ戦は9イニング、国際大会は7イニングでもいいんじゃないでしょうか。

とにかく、指導者たちがしっかり準備をして、高校だけでなく、中学、小学校も巻き込んだ長いスパンで改革をしていくべきでしょう。

論5 トレーナーから見た「投球制限」【井脇毅】

井脇毅は、アスレティックトレーナー（鍼灸按摩《しんきゅうあんま》指圧マッサージ師、（公財）日本スポーツ協会公認アスレティックトレーナー）。北海道苫小牧東高等学校から筑波大学体育専門学群（大学まで野球部に所属）、同大学院修士課程体育研究科に進学し体育学修士（スポーツ医学）取得。工藤公康をはじめとするプロ野球選手のパーソナルトレーナー、西武ライオンズトレーナー、車いすテニス選手の国枝慎吾、リオパラリンピック日本代表トレーナーなどを歴任。現在は井脇アスリートコンディショニング代表、またメジャーリーグで活躍する田澤純一のパーソナルトレーナーを務め、中学、高校、大学野球部においてコンディショニング指導も行う。トレーナーとして「球数制限」をどう見るか。寄稿してもらった。

投球障害を下げる努力が「野球離れ」食い止めにつながる

「投球制限」の根幹となる「どのくらいの投球数」や「どのくらいの投球負荷・強度」に関する調査・研究については長年行われており、（一社）日本臨床スポーツ医学会からは1995年に「青少年の野球障害に対する提言」を発表、1998年に『野球障害予防ガイドライン』が刊行されているのをはじめ、現在に至るまでドクターサイドから様々な指針が示されております。それを基に既に独自のガイドラインを設定している連盟団体もあります。

投動作における身体への負荷については不確定要素が多く、特にジュニア・ユース期の身体構造（成熟度合）には個人差が生じますため、研究データによる数値が万人に対して絶対的な障害予防に繋《つな》がるとは言い切れません。「どのくらいの球数・負荷が障害を発生させず、かつ良いパフォーマンスが発揮されるか」に対して明確な答えを出せないというのが現状です。

投球障害を0％にする事は現実問題として厳しいですが、大人たちがそのパーセンテージを下げるための努力を積み重ねる事が、投球障害によって「野球を諦める、嫌いになる」子供たちが1人でも少なくなる事に繋がると考えます。

そしてその子供が大人になり、自身の子供に指導する機会、或いはチームに携わり指導する機会などを得た際、これまでの様々な経験に加え、日進月歩のスポーツ医学やコーチングに関する知識をアップデートとして学び、それを基に指導する。その連鎖こそが「未来の野球、こどもたちへの財産」になると考えます。

「選手を、状況を観察する：みる」

私がトレーナーとして大事にしているのは「選手を、状況を観察する：みる」という事です。この「みる」というのは、グラウンドレベルにおいても、選手を個別にチェックする場合においても共通項である「動きを見る、仕草を見る、表情を見る」など様々な要素が含まれています。

トレーナーとしてはその上で「触って状態を診る（チェックする）」が加わります。スポーツに関わらず他人の動きや仕草を平素、何気なく見ていると「おや？」と感じたり見かけたりする場合があるかと思います。例えばその部位を無意識に気にする、庇《かば》う、触る、ストレスをかけないなどの動きです。

チームの指導者など継時的に関わる立場の方は尚更《なおさら》、そういった子供たちの変化に気付きやすいかと思います。その気付きが「声かけ」「コミュニケーション」となり、グラウンドレベルでのチェックや病院（整形外科）の受診という選択に繋がり、ひいてはチーム内で早期発見、啓発活動、対応策などの意識づけが高まり、根付いていくのではないかと思います。

しかし、残念ながら指導者の方々でも練習中や試合中のプレーは見ていても「ワンプレー後の数十秒間」「イニングス間」「ウオーミングアップ・クーリングダウン」「試合以外の何気ない空き時間」の際に見せる「ちょっとした動きや仕草、表情」を見逃している場合が少なくないと危惧しております。

また私が選手からの訴えで特に慎重になるのは「痛み」や「違和感」という発言です。負荷の閾値《いきち》・ニュアンスを含めこの訴えには当然ながら個人差が生じます。近年多くなっていると感じているのは、炎症所見などからの起因でなく、疲労（強めの張り、硬くなっている）、筋肉痛（遅発性筋肉痛）の場合です。「痛み」「違和感」という言葉と実際の状況・感覚が一致していないケースと遭遇します。

そのためにも様々なチェックは勿論《もちろん》、選手とのコミュニケーションを密にする必要があると考えます。その際、気を付けるべき点は、指導者や親御さんが勝手に状態を判断せず、迷った場合はドクター（整形外科：できれば投動作競技者に対する臨床数の多いスポーツドクター）による診察に委ねるのが最善の策と考えます。

但《ただ》し、診察を受ける事がゴールではなく、診断結果が出てからの対応が重要となります。残念な現状をご報告させて頂きます。

整形外科で受診し、ドクターから「手術対応でなく、保存療法で回復が可能なので（ある一定期間）必ず安静にして下さい」という診断を受けた際、「数週間から数か月の安静」、この治癒に必要な期間の「我慢」ができない指導者、親御さんが多い事に対して非常に憤りを感じております。「ビッグタイトルがかかっている重要な大会だから」「投手としては厳しいが、野手ならばそんなに投げないから」「人数が少ないため、休むと指導者や他の親御さんに申し訳ないから（出ないのか？とプレッシャーがかかる）」などの理由で出場させ、治癒過程の期間に投げさせてしまい、再受傷してしまう。前回よりも重篤なレベルに陥り、投げる事が出来なくなり、野球を諦める、というケースの報告を何度も受けています。多くのドクターも再受傷のケースではこの傾向が強い事に警鐘を鳴らしています。

子供は「チームメートと好きな野球」をしたいので、痛くても投げたくなるものです。だからこそ大人が「安静：我慢」する事の重要性を伝え、投げないように様々なコントロールをする、このような環境が当たり前でなくてはいけませんし、大人の責務だと思います。

指導者、親御さんから投球障害に関する相談や受傷時にドクターの紹介をお願いされる際、この点を強調して話し、理解して頂いた上でやり取りをします。いかなる素晴らしい対策を講じていても本質を大人が理解していない事には本末転倒な結果になりかねません。

「器質的問題」と「機能的問題」

投球障害の問題・課題解決を語る上で理解すべき問題があります。それは「器質的問題」と「機能的問題」です。この2点の内容の違いを整理・認識する事が大事です。

器質的問題とは骨、靭帯、筋肉などのように身体の器官（構造）上に何らかの損傷をきたしている問題です。特にジュニア・ユース期は骨端線（成長期特有の軟骨組織）に代表されるように骨が成人と同等レベルになっていません。そのため、負荷に対して非常に脆弱《ぜいじゃく》であります。ジュニア・ユース期の野球において発症頻度の高い肘関節の疾患を例に挙げますと、内側型「内側上顆障害、剝離骨折」、外側型「離断性骨軟骨炎（ＯＣＤ）」に分類されます。

機能的問題とは本来、正常範囲内で働く身体運動機能がオーバーユースに陥いる、或いはフォームの不均衡などの要因から引き起こされる問題です。例えば、肘の痛みが生じた場合、肘関節は勿論ですが、肩関節の機能が低下している場合を多く見受けられます。

解剖学的に肩関節とは、肩甲骨、上腕骨、胸骨、鎖骨、肋骨によって構成されている「関節複合体」です。それらに筋肉が付着する事によって様々な動きを操作する事が可能となります。そのうち、投動作において重要な機能の1つが「肩甲上腕リズム」と言われる肩甲骨と上腕骨との協調運動です。ヒトが腕を頭上に上げる際、上腕骨だけでは挙上されず、肩甲骨との規則的な比率での協調運動によって行われています。

ある選手の投げ方を見ていて「手・肘が上がっていない」と感じるケースがあるとします。その一因として肩甲骨の機能が低下：肩甲上腕リズムに狂いが生じている、などが考えられます。このような理由が起因とされる肩関節の障害として「インピンジメント症候群」「リトルリーガーズショルダー（上腕骨近位骨端線への炎症損傷）」、最近はジュニア期でも「腱板損傷」や「胸郭出口症候群」、「関節唇損傷」などの受傷例が多いようです。

投動作の起源として考えられているのは、元々二足歩行のヒト（人間）だけが四足歩行からの発達成長過程の中で「狩りのために槍《やり》を投げる」といったような行動様式を獲得した、つまり「速く、遠く」物を投げる事が出来るようになったと言われています。

投動作に必要な条件には、二足歩行に加え、体幹の直立、肩関節・肩甲骨の可動性の発達、手指の操作性の向上などが挙げられます。しかしながら現代社会においては、日常生活の中でも「頭上から物を投げる動作：上手投げ（オーバーハンドスロー）」は歩行などとは異なり、「非日常的な動作」となります。

上手投げ（オーバーハンドスロー）という投動作に関しては、身体能力発達の面から未就学期にはこの運動動作を学習・習得する事が望ましいという研究報告が多くあげられています。それだけ難易度が高い事を示しております。小さい頃、石を水面に投げる、泥ダンゴ投げや雪国の場合ですと雪玉を作って投げるなど、遊びの要素から習得した場合や、道端で行うような遊び野球や公園や広場などでもボールを投げていましたが、現在は危険という理由で禁止・制約されている場合が多くなったため、昔のように小さい頃から投動作に慣れ親しむ機会が少ない状況になっています。そのため野球を始める際、ボールを使って投げるというのはかなりハードルが高い行動様式になります。

更に野球のようなサイズのボールを操作する場合、「速く、遠く」に加え「正確に」という要素が求められるため、手指の操作が重要となりました。ボールのサイズ、重量を考慮するとその分、肩関節、肘関節への負荷のかかり方も特異的になると考えられます。

私は大学院時代の研究テーマとして肩甲骨と上腕骨の挙上に関する研究を行いました。投動作を経験していないコントロール群と野球選手を対象、更にやり投げ、バレーボール、ハンドボールなど運動学的には上手投げ（オーバーハンドスロー）の定義に該当する投動作を必要とする競技選手も比較対象として実験研究を行いました。

挙上の際の肩甲骨と上腕骨の出力の関係性において、コントロール群と投動作を行う競技群との間には異なる発揮傾向を示しました。また、野球競技群と他の投動作競技群との間にも異なる発揮傾向を示しました。更に言いますと投手と野手間でも異なる傾向を示しました。

これらの背景を総合しますと、野球のボールを投げる投動作は「スムーズな運動連鎖」と「手指の操作性」の両輪が重要視されると考えています。

勿論、「器質的問題」「機能的問題」2点の複合的要因でジュニア・ユース期の投球障害が引き起こされる場合がほとんどです。そのため、球数が起因で発症する場合、1球投げて発症する場合、投球頻度、間隔の問題の場合…と様々なケースが想定されます。そのため、一概に投球数だけで期分けする事が非常に難しいと考えます。

投動作では「強く、速く、遠く（野球の場合は正確さが加わる）」投げる事が求められます。そのクオリティ、カテゴリーが高くなるほど、投動作に必要な身体活動が大きくなります。即ち「運動連鎖：連動」が重要になります。当然ながらボールは回転運動を与える事によって推進します。ボールの回転数が大きくなるためには下半身〜体幹〜上半身：手指と力が伝達していく事が求められます。「選手を観察する：みる」際、この連動がスムーズに行われているかが判断基準の1つと考えます。

大事なのは「全体を見る」こと

私がフィールドレベルで動きを観察する際、全体像を見る、そして気になった際はポイントとなる個所及び周辺へ徐々にフォーカスして見ていきます。即ち「木を見て森を見ず」にならないように気を付けています。

投球動作を見る場合の概要としては、まず、動きの全体像や放たれたボールの軌道などを観察した上で「半身」、「タメ」、「割り」というような野球で表現される下半身の動き、体重移動時における踏み出し脚と支持脚の独立した機能、投球側と非投球側との上肢（肩甲骨から指先）の操作性、肩甲骨と上腕骨などの協調的な運動である「肩甲上腕リズム」で代表されるように上腕骨と肩甲骨、胸郭が連動して動いているか…などをチェックしています。

野球における競技特性の1つである「一側性・反復度合いの高い動作」を繰り返す結果、人間本来が持ちうる身体の基本的機能が低下、或いはアンバランスさが生じてしまい、それに伴いフォームの不均衡、連動性が上手《うま》く使えなくなる危険性が高くなります。その崩れている機能・フォームの中で「強く、速く、遠く、正確に投げる」行為を保とうとし、そのための微調整を無意識に行い、結果的に肩や肘といった部位に過度なストレスがかかる、といった負の連鎖に陥る可能性が高くなります。

また、ジュニア・ユース期では身体のサイズ（特に手指）とボールの重さ、大きさがマッチングしていないため連動を上手くイメージできず、手指、いわゆる小手先でボールを操作してしまう場合や、リリースまでの動きの中で代償運動による操作をしている事が多く見受けられます。そのため肩・肘にかかる負担が大きくなる傾向になります。

投球フォームのチェック

コンディショニング面の総合的対策としては、現在、多くのドクターやコ・メディカルをはじめとする方々のご尽力で行われている「野球肘検診」をはじめとする定期的なメディカルチェックや、現場でも行える簡便なコンディションチェック方法など様々な提唱・啓発活動が行われています。これらを積極的に活用するだけでなく、その重要性と意義を組織、指導者、親御さんの方々がもっと理解・認識してスタンダード化される事が大切と考えます。その繋がりによってウォーミングアップ、クーリングダウン、セルフケアなどの重要性がより周知・認識されてくるのではないでしょうか。

私がコンディショニング面でのアプローチで大切にしている点は、選手が様々な事に対して「体感・実感できているか」という事です。コンディショニングチェックにせよ、エクササイズ・トレーニングにせよ、メンテナンスにせよ、本人が体感、実感していないと「対策：どうしたらいいか」の段階に進めないからです。コンディショニングは「日々の比較」と考えています。つまりプラス、マイナスの継時的変化を感じられてこそ対策を講じる事ができます。そのためコンディショニングも千差万別が生じるのは当たり前で、対策もある一定の傾向こそあれ、決して「画一的、方法論ありき」にはならないと思っています。

指導する側の対策としては、技術的側面においても方法論だけを教えるのではなく、身体の基本的知識（解剖学、機能解剖学、運動学、トレーニング学など）を学び、理解する。それを踏まえた投球動作のテクニカル、関連したエクササイズなどをアドバイスする事が望ましいと考えます。その積み重ねが投球障害に対する早期発見、啓発活動に繋がります。投球動作は身体操作ですので当然ながら身体機能とリンクしているのですが、分離して考えてしまっている方も多く見受けられます。

加えてこれからの指導アプローチとして、上意下達的に一方的に指導を押し付けるのではなく、かと言って「自由、自主性」という言葉に都合良く変換された、ただの任せきり（放置）でもない、指導する子供たちの個々の状況に応じて「ティーチング」なのか「コーチング」なのかを見極め、気付き（ヒント）を導き出すようなアドバイスができるようにならなくてはいけないと考えます。

「わからない事がわからない」子に対して「失敗しても良い、任せるから自分で考えて工夫してみよう」とアドバイスするのは、決して自主性を尊重する事と同意ではありません。本人が「何ができて、何が課題なのか、どうしたいのか」など現状認識・基準、評価が出来ていないのですから物事が進展、習得する事は難しいです。その場合は「ティーチング（道しるべ）」が必要となります。

コンディショニングに対するアプローチも同様の考えで、子供、大人関係なく、状況を見極めて対応しています。そのためにも「見る」事と「コミュニケーション」は外せません。

「ライセンス制度」の義務化・定期更新制が必須

今回のテーマでは野球における肩関節、肘関節に起因する投球障害（スポーツ障害）がクローズアップされていますが、それ以外にもジュニア・ユース期の野球には腰椎分離、熱中症、心臓振とうなどの外的要因・内的要因に起因するトラブルが発生しています。いずれにせよ、そのリスク要因をどう排除するかが大きな課題となっています。

成長過程におけるジュニア・ユース期の投球障害におきましては、これまでの蓄積したデータ、先行研究を基に球数制限、試合日程などを決める事が望ましい事については先に書きましたが、投球障害に限らず一番大事なのは、全てのカテゴリーの連盟・団体が一枚岩になって「知識・情報の共有化」「統一した指導・ルール化」を構築する事ではないかと考えます。

日程・運営面からのアプローチのみならず「身体の基本的な構造、機能を知る努力をする事」

については連盟、指導者とも野球・スポーツに携わる人間としての責任が求められるかと思います。スポーツ科学の発達により、現代スポーツを取り巻く状況を考えますと、人を指導するためには「経験則」と併せて「様々な分野にわたる最低限の知識・認識を共有」する事は、もはや避けて通れない問題かと思います。

既に(公財)日本サッカー協会が指導指針(選手育成のコンセプト)・ガイドラインを掲げて全カテゴリーの中で共有されていますように、子供から大人まで一貫したコンセプトの下に決められた指導・ルール規定が野球界でも必要だと思います。そのためには組織・連盟、プロアマ全カテゴリーに関わらず「座学・実習を伴うライセンス制度」の導入による統一化、指導者のみならず組織に携わる全関係者の義務取得・定期更新制にする事が必要と考えます。その上で指導者各人が培ってきた指導個性(オリジナリティ)が生かされる、これが理想だと考えます。ライセンス制度は現場側の人間だけではなく運営側の人間も同じく学び、理解する事が重要であると思います。そうでなければ根本的改革に繋がりません。

自身はプレーヤーとして野球に取り組んだ事がないという指導者の方々も増加傾向と聞きます。大きなハードルとして野球には投球動作は勿論、道具(バットやグローブ)を用いてボールを扱うなど「非日常的な動作」が含まれるため、自身が経験していないと「どういう感覚かを理解する事」が難しい、そのため、指導の際に非常にご苦労されている話をよく聞きます。そういう方々がコーチング、ティーチングできる指導能力を得る、そして「指導者自身を守る」ためにもライセンス制度が必須だと考えます。

実際、欧米諸国では以前よりメジャーリーグやプロサッカーの世界で自身がプロ経験者でない、若《も》しくは競技未経験者であっても監督やコーチに就任しています。このように自身の競技力と指導する能力（コーチング能力）は決してイコールではない事が世界レベルで証明されています。

指導するという事は有償であれ、ボランティアであれ「責任が伴う事」です。スポーツに関わる人間は「温故知新、常に学び、知識のアップデート」が必要ではないかと考えます。それが昨今、問題提起されている「スポーツを行う本来の意義」という本質に繋がると考えます。

これらの実現には様々なハードルはあると思いますが、「子供たちという将来への投資」のために、大人たちが大局に立ち、長期的視野を持って取り組んで欲しいと切に願います。

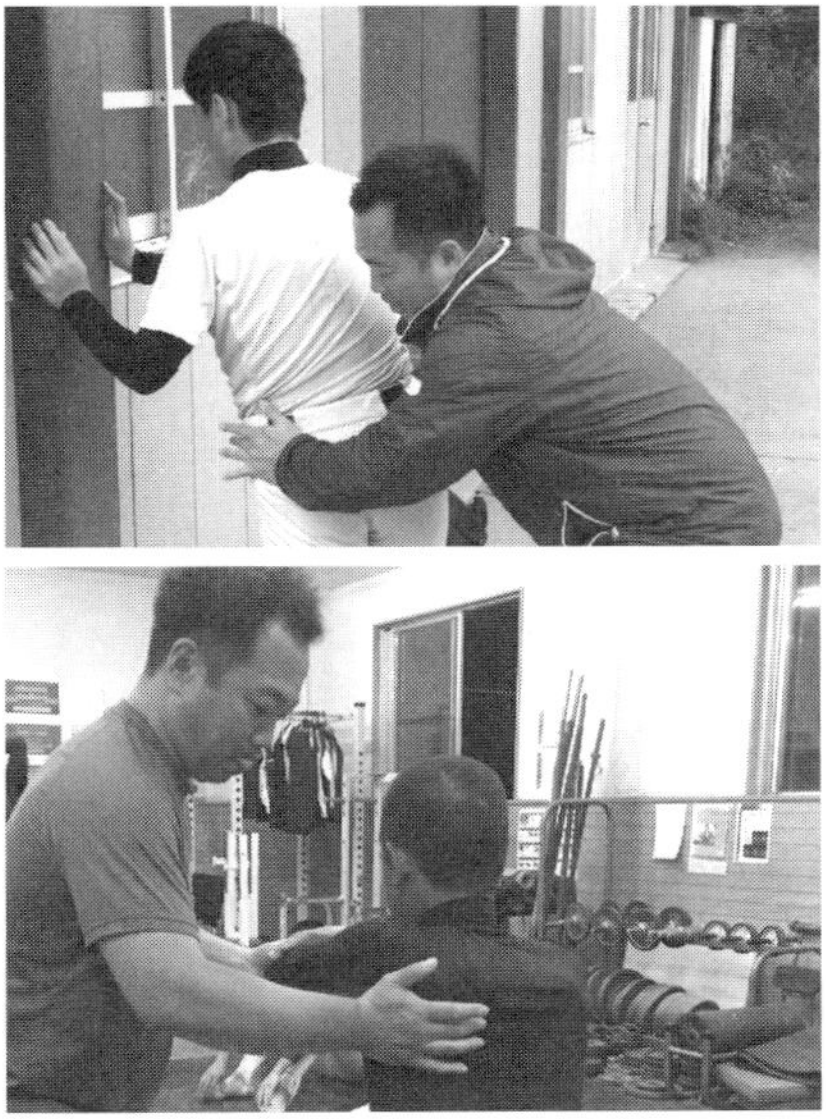
選手の動きをチェックする

地方で進む一部高校による甲子園の寡占

年度	福島県		高知県		栃木県	
	春	夏	春	夏	春	夏
2010		聖光学院	高知	明徳義塾		佐野日大
2011		聖光学院	明徳義塾	明徳義塾		作新学院
2012		聖光学院	高知	明徳義塾	作新学院	作新学院
2013	聖光学院 いわき海星	聖光学院	高知 土佐	明徳義塾	宇都宮商	作新学院
2014		聖光学院	明徳義塾	明徳義塾	佐野日大 白鴎大足利	作新学院
2015		聖光学院		明徳義塾		作新学院
2016		聖光学院	明徳義塾 土佐	明徳義塾		作新学院
2017		聖光学院	明徳義塾 中村	明徳義塾	作新学院	作新学院
2018	聖光学院	聖光学院	明徳義塾 高知	高知商	国学院栃木	作新学院

［資料］福島・栃木・高知各県の歴代甲子園出場校一覧

これらの県では甲子園常連校とその他の学校で格差が開いている

3章

高校野球が迎えた危機

高校野球の指導の現場を知る識者の声を集めた。その背景に「野球離れ」の影響がじわじわと大きくなっていることも紹介した。

「球数制限」の問題は、指導者が高校野球の「何を見ているか」という意識の問題でもある。昔から「高校野球とはこんなもんだ」という認識の指導者には、今の野球界の問題点は見えてこない。

指導者は、大きく動く社会の価値観、世界の中での日本野球なども視野に入れて指導をしなければならない。

そこにプレイヤーファーストはあるのか

2017年以降、競技人口ははっきりと下降に転じた。そんな中で、顕著になってきたのは「格差」だ。一部の有力私学が、恵まれた練習環境を完備して、多くの野球部員抱えている一方で、学校の生徒数の減少もあって、部員数が減少の一途をたどっている学校もある。中には、かつて甲子園を沸かせたことのある名門校の中にも、部員数の減少に苦しんでいる学校もある。

日本高野連は、2012年から連合チームを認めた。部員数が9人を割り込んだ野球部でも廃部にせず、複数の学校でチームを組むことを認めたのだ。連合チームは、練習環境も劣悪な場合が多い。単独の野球部に比べて熟練度は極めて低い。「生活がかかっているから無理に部活に出てこいとは言えない。ただ、中にはアルバイトが大変で授業が重荷になって中退する子も多い。学校につなぎとめるためにも部活に参加してもらっている」と語る指導者がいた。

そういう学校が、甲子園に出場するような有力校と対戦する。審判の中には、「有力校と連合チームでは実力差がありすぎて、連合チームの選手がケガをする可能性がある」との声もある。「球数制限」の議論は、こうした「競技人口、参加校数の実質的な減少」と「戦力格差の拡大」を背景として行われていることを認識しなければならない。

戦力格差のある学校同士の試合では、強豪校が打撃練習のように延々と攻撃を続ける場合がある。コールドゲームに持ち込みたいからだ。相手校の投手は、短いイニングでも多くの球数を投げることになるが、こうした投手の健康面はあまり顧みられることがない。

高校硬式野球部員数の推移

	硬式野球1年生		硬式野球全学年		継続率
2010	61,935	100%	168,488	100%	83.8%
2011	59,650	96%	166,925	99%	84.9%
2012	61,312	99%	168,144	100%	85.8%
2013	59,570	96%	167,088	99%	86.8%
2014	61,265	99%	170,312	101%	87.7%
2015	58,681	95%	168,898	100%	89.7%
2016	57,406	93%	167,635	99%	90.1%
2017	54,295	88%	161,573	96%	90.9%
2018	50,413	81%	153,184	91%	91.0%
2019	48,036	78%	143,867	85%	89.9%

%は2010年度を100%としたときの推移

筆者は地域の中堅クラスや初戦敗退クラスの高校の野球部も取材したが、「あの野手は昔投手だったが、投げられなくなった」「うちは、もう一人エース級がいたのだが、ケガでやめてしまった」などという話をたくさん聞いた。

率直にいって、甲子園に縁のない学校の投手は、大切にされていない。故障しても、野球を断念しても「よくあること」で片づけられている。ケガをするまで投げさせた指導者が、その責任を痛感することもあまりない。そうした事例があまりにも多いので、日常茶飯事のようになっているのだ。

「球数制限」は指導者が「選手の健康面を気にかける」という意識変革をもたらす話でもある。それは、甲子園へ行く投手、大学やプロで野球を続けるような有力投手だけをターゲットにした話ではなく、日本中にたくさんいる「下手くそだが、野球が大好きな選手」のその後の競技生活を守るためにもあることを、強調しておきたい。

論1

上田誠「問題は高校野球の『文化』」

上田誠は、慶應義塾高校の硬式野球部監督として、2005年春、2008年春、夏、2009年春にチームを甲子園に導き、2度準々決勝まで進出させた。チームを強くしただけでなく、現代に即した新しい高校野球のあり方を模索した指導者としても知られる。指導者としての考え方は『エンジョイ・ベースボール』（NHK出版）という著書となり、広く読まれている。「球数制限」に対する考え方と、高校野球のあるべき姿について聞いた。

これは違うんじゃないか？

僕は神奈川県の県立高校（湘南高校）で野球をして慶應義塾大学に入りました。故障もあったので、選手としてはそれほど活躍しませんでしたが、新人選手の面倒を見る新人監督になって「教える面白さ」が分かってきました。

でも、当時の慶應義塾大学は、すごいスパルタでした。僕は大学の4年間、これは違うんじゃ

慶應義塾高校元監督　上田誠

ないかと思っていました。

大学卒業後は前巨人監督の高橋由伸選手がいた桐蔭学園で野球部の副部長になりました。ここは、慶應よりももっとすごかった。

もともと僕がいた湘南高校は、監督も「自分で考えてやれ」という方でしたから、練習時間もそれほど長くはなかったのですが、桐蔭は朝3時半から練習です。こうなったら、選手は授業中は寝るしかない。僕は、いかに短い時間で効率よく練習をして実力をつけるかが大事だと思っていたので、方向性が違うと思って県立の厚木東高校に移って指導していましたが、慶應義塾高校の監督のなり手がないということだったので、監督をお引き受けすることにしました。

当時の慶應義塾大学野球部の前田祐吉監督が紹介してくださいました。

当時の慶應義塾高校は地区予選も勝てない状態でしたが、そこから25年ほど監督を務めました。

自身も日本の高校野球のやり方に染まっていた

でも、僕自身も日本の高校野球のやり方に染まっていたんですね。

前田祐吉監督が見ておられる試合で、点差が開いていたのにスクイズをやらせたら、ものすごく怒られた。

「何てことやってるんだ、それは野球じゃない」と。

僕は早くコールド勝ちに持ち込んで投手を休ませようと思ったのですが、

「お前は高校野球に毒されている。野球とは点の取り合いだ。そして選手ファーストで考えるべきなんだ」と。

前田監督はアメリカの野球に精通されている方で、

「お前、高校野球にいるとどんどん毒されるぞ、アメリカに留学してこい」ということで、UCLAに2年間留学することになりました。

もともと慶應には「エンジョイ・ベースボール」という言葉があって、自分で考えさせるという伝統がありました。

でも、それでも高校野球ですから、僕も声を荒らげることもあった。そういう認識が、アメリカに行って大きく変わりましたね。

「冗談言わないでくれ、俺をつぶす気か」

UCLAはPac-10（Pacific-10 Conference、現在はPac-12）と言われる大学グループのリーグ戦が中心で、それ以外も含めて年間50試合くらいやります。

プレーオフがあって、最後にオマハで決勝シリーズがあるのですが、そこまで行くのは8チームだけです。あと少しで決勝シリーズに行けそうだったので、当時ベンチにいた私は、前日投げていたエースのジョシュ・カープ（Josh Karp）に、

「明日も頼むぞ」と声をかけました。

前の日は100球ちょっと投げていましたが、日本の感覚では、いけないことはない。

でも、カープは

「冗談言わないでくれ、俺をつぶす気か」と言ってきた。

「オマハ行けたら最高じゃないか」と言ってもそんなことは、これっぽっちも考えていない。大学だから投手も複数そろえることができる。先発、救援も準備できるということはありますが、日本とアメリカの意識の差を実感しました。それにアメリカでは練習から球数を数えていた。遠投もカウントしていました。こういう意識は全く違いました。

カープは2001年にドラフト1位でモントリオール・エキスポズに指名されました。残念ながらメジャーに昇格できませんでしたが、2年間の留学は、僕の野球観を大きく変えましたね。

「もう投げられない」

それでも、日本に帰ってくれば高校野球という「現実」が待っています。投手の登板過多では、僕にも苦い思い出が多々あります。

神奈川県大会で、雨が続いて順延順延で、試合日程が詰まって5連戦になったことがあります。選抜でベスト8まで行った年の翌年で、野手はほとんど残っていましたが、投手がいなかった。投手に負担をかけないようにしようとしましたが、どうしても接戦になる。エースの負担がだんだん重くなって、準々決勝で力尽きたということもありました

ある年は、横浜高校がノーシードになって3回戦で当たった、これを破ったら今度は東海大相模と準決勝で当たってこれも破った。エースがよく投げてくれました。

決勝は桐光学園。当時のエースは春の県大会では1度も投げさせなかったくらいで、登板過多

には気を使ってきたのですが、2番手との格差があまりにも大きかったので、決勝で彼を出さないという決断が僕にはできなかった。そこで連投させた。

6回まで6－1で勝っていた。

「スピードが出てないけど、がんばってくれ」と思っていたら、逆転された。そのとき投げた後に顔をしかめたんです。嫌な感じがしたので、エースを右翼に下げて、2番手を出した。チームは反撃したので、点差も縮まって、挽回できそうだった。

そこで右翼からエースを呼び寄せて

「おい、もう1回逆転するから最後いってくれ」と言ったら

「いや、無理です」とはっきり言いました。「なんか変な音がして」と言った。

そこで、彼を登板させずに結果的に敗退しました。選手に「無理です」と言わせる空気は作っていたんです。それが救いでした。

なぜこんなタイトなスケジュールにするのか？

もともと神奈川県大会はタイトなスケジュールで有名です。

前半の1、2試合は学校数がまだあるからゆったりした日程ですが、後半から急にタイトになります。雨が降れば予備日がいっぺんに吹っ飛んでしまいます。

高校野球は、甲子園の中央集権になっています。夏の地方大会の日程は、地方の事情に即してもっと早くから始めて、ゆっくりしたスケジュールでやればいいのに、7月からスタートして全

国一斉に代表校が決まるようになっている。このほうが日本中の盛り上がりを作れるということなんですね。選手の健康よりも他の事情を優先している。

「球数制限」をスタートラインにして、変わっていくしかない

「球数制限」だけで高校野球のいろいろな問題を解決することは難しいとは思います。でも、高校野球が「球数制限」をスタートラインにして、変わっていくしかないと思います。

まず、高校野球が口火を切れば、球数制限は下へ、下へと降りていきます。中学もそうですが、小学生の投げすぎが一番怖い。もちろん、高校野球でも「球数制限」は必要ですが、そうしたい循環になってほしいですね。

こういう話をすると、

「全国の高校球児の何割がその先も野球をすると思っているんですか。1学年5万人のうち、せいぜい5000人が大学、社会人、プロで野球を続けるだけです。あとは野球と一切関係ない。そんな連中が最後のマウンドに立ちたいというのなら、好きにさせたらいい」

という人もいます。

私は反対です。そんなことしたらおじさんの草野球も早朝野球も楽しめなくなる。そういう野球も大事なんです。それにけがをさせないのがスポーツの大前提ではないですか。

「どうなってもいいから好きにさしてやれ」はスポーツじゃないでしょう。

地方大会を見ていると、熱中症で足がつったり、目がうつろになったりするのも見ます。ここ

まで投げさせるのか、代えてやれよ、と思います。そういう状況をみんな見ているわけですから。

公立高校に優秀な投手が出てきて、あと少しで勝てそうなときに、球数オーバーだから降板しなければならない、それはだめだろうという意見もありますが、そんなの関係なくルールとして決めたら、みんなそれに合わせて変わると思いますよ。

「球数制限」を導入したら優秀な選手が集まる私立が有利になって、選手がいない公立が不利になるといいますが、だったら私立の余っている選手が公立へ転校できるようにすればいいのではないでしょうか。今の高野連のルールでは、転校した子は1年間は公式戦に出られませんが、それを取っ払って移動を自由にすれば、公立と私立の格差は小さくなるはずですし、公立にも複数の投手ができて「球数制限」をしても問題なくなるのではないですか。

アメリカではトランスファーといって、簡単に転校をします。元の学校の指導者が「お前、この学校じゃ才能が活かせないから転校しろ」という。転校した子が次の日には違うユニフォームで投げているんですよ。

問題は「高校野球の文化」

「球数制限」をしたら、「待球作戦」をする学校が出てくるということをいう人もいます。

確かに打者には、追い込まれたら、2ストライクアプローチで変化球に振らされないようにポイント設定をぐっと近くにして、右打者なら一塁側のベンチに打つようにしろと指示をします。しかしそれは、好球を待つための作戦です。それに、指示通りに思うようにできるのは一部の私学のいい選手だけです。バットコントロールがよくて何でもできる連中です。高校生がみんな「待球作戦」ができるなんてことはありません。

「球数制限」がある国際大会で、日本のチームが「待球作戦」をすることがあります。日米大学野球でも見られますが、アメリカの指導者は「おまえらのような野球はおかしい」と言ってきます。スポーツマンシップに反するから、そういう野球はやめましょうということです。

今春の選抜では「サイン盗み」も問題になりました。指導者の中には「それが作戦だ、頭を使うベースボールだ」という人もいますが、世界の野球の常識から考えればやってはいけないこともたくさんあります。

東京六大学では「登板過多」「投球過多」はありませんし、サイン盗みもありません。そういう伝統なんです。高校時代そういう野球をしていた選手も大学に入ればそういう野球はしなくなる。

私は慶應義塾大学野球部のコーチもしていますが、この2月、3月の試合を見るとどこの大学も、投手の登板間隔を空けている上に、5回は投げないですね。どんな優秀な投手でも3月半ばで5回投げたら「よく投げさせるなあ」という感じなんです。

それを見てから、甲子園の選抜高校野球を見ると、延長戦１３０球を高校生が一人で投げている。これは明らかに異常ですよね。問題は「高校野球の文化」なんですね。つまり、高校野球の指導者に問題がある。だから指導者の啓もうに尽きるのではないでしょうか。

レベルの高いほうばかり見ている

「きれいなフォームで投げれば故障しない、だから『球数制限』なんて必要ない」という意見もありますが、大部分の高校生は「フォームがどうの」というレベルではありません。おかしな投げ方で、いい球を放っている高校生がたくさんいるんです。

シュート回転しているし、肩痛めそうだなと思っていても、大会まで時間がないからそのまま投げさせてしまう、ということもたくさん起こっています。

それに選手に、故障しないいいフォームを教えることができる指導者はそんなにたくさんいません。

レベルの高いほうばかり見ているから「きれいなフォームで投げれば」という意見になりますが、そのレベルまで行きつく子はある程度出来上がっている子で、多くはそれどころじゃない。プレートの踏み方もわからない連中を指導するのが高校野球なんです。そのレベルでは、なにがいいフォームかはわかりません。だから故障させないためには、球数で制限するしかないんです。

大会前は授業に行かなくていい高校

関連して言うなら、試合数の多さも問題です。高校生が練習試合をいくらやってもいいのは、世界でも日本だけです。練習試合数を高野連が管理すべきだと思います。

ある地方のチームは、平日もバンバン遠征試合をやっています。この練習試合の制限がないのが実は大きな問題ではないかと思います。

ほかにも「6月は授業行かなくていい」というチームもあります。

そして彼らはその間、朝から晩まで練習や試合をしている。体育コースというのがポイントで、クラブ活動が体育コースの授業に組み込まれているのも周知の事実です。

投手には適度な休養が必要です。でも、高校で投手コーチがいるところはほとんどありませんから、ほったらかしでずっと練習をしている場合もあります。

また投球練習に加えてフィールディングをよくやらせる。二塁牽制《けんせい》とかバント処理を延々とやって、あれで肘・肩を痛めるケースがよく見られます。

高校野球では、投手は休めない。ノースローという日がない。

ノースロー日を作り、肩を休めて次の試合やシーズンに備えたほうがいいケースが多々見られます。指導者に「休み」という概念を持ってもらう事が大事だと思います。

日本高野連の有識者会議では、「球数制限」について決めるだけではなく、高校野球をどう変えるのか、野球界にどんな提言をするのかをちゃんとやってほしいと思います。

「高校野球」が変われば、日本の野球は変わります。この会議をその「第一歩」にしてほしいですね。

論2

小林敬一良「将来ある投手を潰す指導者は、たとえ甲子園に何回出ても資質はない」

小林敬一良は1980年から2007年まで大阪の浪速高等学校硬式野球部監督。強豪校ひしめく大阪府大会を勝ち抜き甲子園に2回出場。多くの社会人、大学、プロ野球選手を育成。高校野球でメンタルトレーニングを取り入れた指導者としても知られる。現在も小中学生から大学生までを指導している。「球数制限」をめぐる問題について聞いた。

投手の異常に気が付くのが指導者

僕は、高校野球の指導者時代、球数を意識したことはありません。「この投手は疲れているな」「ちょっと無理だな」と思ったらそのタイミングで代えていました。

他の指導者のように「限界を超えて投げてみろ」とは思いませんでした。根性で限界を乗り越えさせるのは無理です。

浪速高校元監督　小林敬一良

本来、指導者は、そんな制限をしなくても「この子はこうなったら限界だ」とわかるような目を養わなければならないと思います。

投手と言っても置かれている立場によって様々です。確固としたエースピッチャーと、2番手、3番手、4番手、5番手では状況が違います。

5番手あたりになってくると、毎回の練習試合の結果でベンチに入れるか入れないか決まってきます。だから機会が与えられれば、練習試合でも必死で投げます。でも確固たるエースは練習試合ではいろんなことを試したり調整したりすることができます。エースが9回投げたときの疲労度とベンチ入りをかけて必死で投げている投手の疲労度は違います。たとえイニング数が短くても、控え投手の方が疲れます。体だけでなく神経も疲れます。神経を使うことは筋肉だけでなく内臓にもダメージを与える可能性があります。それが肩肘に悪影響を与える危険性もあります。また考え過ぎる投手は疲れるのが早く、感性が鋭く、ひらめきで投げるタイプは疲労しにくい傾向にあります。

そういう事情も指導者は見抜かなければなりません。

僕は浪速高校の監督時代に、PL学園時代の桑田真澄投手と対戦しましたが、彼は甲子園のマウンドでも、点差が開けば「練習」をしていたと思います。そういう状況になったら、アウトコースの低めに丁寧に投げ続けました。制球をつけるための練習をしていたのではないかと思います。それでちょっと打たれたら、変化球を投げたり、インコースに投げたりしていた。そういう風にして緩急がつけられる優れた投手は、消耗、疲労度が低いはずです。

個々の特性を見て判断

今は指導者の中には、自分が投手指導についてよくわかっていないことを自覚していない人がいるように思います。率直に言って、将来ある投手を何人も潰《つぶ》している指導者は、たとえ甲子園に何回出ていても資質がないといっても良いのではないでしょうか。

高校野球の「球数制限」は、何球がいいのかはよくわかりません。個人差があります。120球くらいでも大丈夫かもしれません。連投はだめですが。それも、投手個々の特性を見て判断すべきでしょう。球数制限以前に投手の特性を見る目が必要ですが、それが無理なら「球数制限」でしばるしかない。同時に、複数の投手を作る必要もあります。年度にもよりますが、僕はできるだけ複数の投手を作るようにしていました。

新人の起用には慎重

僕は、春に入部した新人投手を起用することには慎重でした。その選手のことがよくわからないうちに投げさせるのは危険ですし、受験勉強などで体を動かしていない可能性もある。

でも、有力私学や公立の強豪校などでは、入ってきたばかりの投手をすぐにマウンドに上げて投げさせることが多かった。1年の夏休みには新チームでがんがん投げさせている学校もありましたが、僕はそれをしなかった。完投なんてとんでもないと思っていました。

今、大学の硬式野球部で教えていますが、ここでも新人の起用には慎重です。他の大学では2

月、3月からフルで投げさせているところもありますが、僕はそうはしません。高校時代に故障の経験があったり、体力的に不安がある選手を、気温が低いうちから投げ込ませるのは危険だと思うからです。

高校の指導者時代に肩肘を痛めて投げられなくなった投手はいました。でも、ほとんどはもう一度投げられるようにして卒業させています。痛める前から危なそうな子は接骨医に通わせたり、投げたあとのケアをしています。当然、ノースローの期間も設けました。

僕は高校球界で一番早くアイシングを取り入れた指導者だと思いますが、アイシングをしたからと言って肩や肘の痛みが減ったかというと、そうではなかった気がします。逆に冷やすことで悪化する場合もあったと思います。だからアイシングの効果には疑問を感じています。専門家にも聞きながら、ケアをしました。

日程の問題もある

今の高校野球は、日程にも問題があります。勝ち進んでいけばどうしても先発投手の酷使を生んでしまう。なぜあんなタイトなスケジュールですするのか、よくわかりません。

例えば、甲子園大会も夏休みの前半と後半に分けてもいいかもしれない。

地方大会ももっと早くした方がいい。僕らが現役の頃は、地方大会は試験が終わってから始まっていましたが、今は試験中に部活をやっている例もあります。夏の予選と期末テストが重なる学校もあります。それならもっと前倒しにして、6月に予選、地方大会を実施してもいいのではないですか。6月に地方大会があれば、終わってから思い切り試験勉強ができます。試験が終わってすぐに予選に入ると熱中症、ケガの可能性が高まります。

投手の投げ込みについても問題になっていますが、僕は高校生や大学生の場合はある程度の球数は投げないと、投手としての感覚は身につかないと思います。

ただ、投球練習は頭を使ってやらなくてはいけないと思います。投手はキャッチボール、遠投をしてからブルペンに入りますが、肩慣らしを十分にしているにもかかわらず、そのあとでブルペンで捕手を立たせて立ち投げを延々とする投手がいます。で、肝心の投球練習はカーブやスライダーなども含めて30~40球。これでは投球技術は身につきません。

キャッチボール、遠投の段階からフォームやコントロールの確認をしていたら、ブルペンで捕手を立たせなくてもいいし、そんなに投げなくてもいいはずです。頭を使えば、そんなに投げ込まなくても技術練習ができます。投球練習で工夫がない投手が多いのは、指導者の問題でもあります。私は投球練習は必ず見ていました。大学の監督をしているときに、いろいろな高校の野球部を訪問しましたが、指導者が投球練習を見ていない高校もありました。キャッチボールや遠投もただ単にアップではなくて、技術練習、投球練習だということを認識してほしい。「球数制限」とともに、そういう意識づけが必要ではないでしょうか。

分業に伴う問題もある

球数制限が導入されれば、投手の分業が進みます。そうなると新たな問題も出てきます。

先発とは異なり、短いイニングを投げる投手には、また違ったリスクも出てきます。短いイニングを抑えようと力むから、テイクバックで必要以上に腕に力が入ります。これがダメージにつながりやすい。

プロ野球でもセットアッパーやクローザーは寿命が短いですが、同じようなリスクがあると思います。

高校野球で救援しか経験しなかった投手は、大学、プロで先発をするのは厳しくなるでしょう。だから、セットアッパーは決めつけで作らないほうがいいと思います。今はやりのオープナーではありませんが、役割をまわしていかなければならないのではないかと思います。

また、単に投球するだけでなくフィードバックも必要です。何をテーマに投げて、どんな収穫があったか。何ができるようになったか。投手も指導者もそれを大事にしなければなりません。

今の子供は、ゲームやスマホを使い慣れているせいか、広いところで遊ばないせいか、奥行きの感覚がないと感じます。空間認識能力が低いんです。僕は小中学生から大学生まで、投手を指導するときには「ボウリングのスパッツを空間に作る感覚で投げなさい」と言います。こういう風に腕を動かしたら、ここにボールが行くというのを空間として認識しなければなりません。

高校野球はいろいろ改革すべきことがあると思います。「球数制限」は、その一つの手がかりとして導入すればいいのではないでしょうか。

論3

小山克仁「待球作戦は誰のためにもならない」

小山克仁はアジア野球連盟審判長。全日本野球協会・アマチュア野球規則委員会副委員長。法政大学第二高等学校、法政大学卒。東京六大学や甲子園、さらにはオリンピックなど国際大会での豊富な審判としてのキャリアを有している。国際審判の目から見た「球数制限」議論とはどんなものだろうか？

投手はストライクゾーンに投げるのが仕事

日本と他の国の野球で決定的に違うのは、投球に関する考え方です。

世界の多くの国々では、投手はストライクゾーンに投げるのが仕事です。2ストライクになったら、次もストライクを投げる。

でも、日本の投手は初球からボールで入ったりする。2ストライクになれば、1球外すことが多い。そういう発想は日本だけですね。

アジア野球連盟審判長　小山克仁

そもそも日本以外の国では、ボールを出し入れするような細かいコントロールはありません。ストレート系の勢いのある球で抑えるのが野球という発想です。ボールになるのは投げそこないです。意図的にボールを投げることはありません。私はシドニーオリンピックで、フル代表の審判を務めましたが、日本以外はほぼそういう野球でした。これは野球のそもそものルールに根差しています。野球の初期のルールでは、投手は打者が打てるゾーンにボールを投げなければなりませんでした。意図的に打てないところへ投げることはあり得なかったのです。日本では0－2からストライクを放ると指導者が怒りますが、これはかなり特殊なことです。メジャーリーグの関係者にもいろいろ話を聞きますが、アメリカではわざとボールを投げるという発想がない。

例えばイチローが走者の時でも、捕手はピッチアウトはしません。投手はストライクゾーンに投げるものですから。外したら打者が打てなくなる。捕手はキャッチャーズボックスで捕球して二塁に送球します。捕手の肩とスローイングだけで刺そうとします。

スクイズの時も同様です。そもそもスクイズはほとんどありませんが。私が国際大会で審判をしているときもピッチアウトは見たことがありません。

そもそも、捕手はキャッチャーズボックスで捕球しないとだめなんです。オンラインまではOKですが、大きく踏み出して受けるのはルール違反です。私が審判の時は注意しますが、日本の野球ではよく見られます。キャッチャーズボックスは今は四角形ですが、昔はダイヤモンドの延長線上に、下が広い三角形のラインが引かれていました。でも、捕手が打者が打てないところに構え始めたので、これを放置すると野球の試合が進まないということで、1955年に四角形にして捕手を閉じ込めたわけです。

メジャーリーガーはどんどんストライクを投げ込む

アメリカでは球数制限がなくても、先発投手は100球前後で降板しますから、投手も1球でも無駄にしたくないという気持ちがあります。無駄球、遊び球は投げません。選手たちは、「投手は打者が打てるところに投げるものだ」ということをよく教育されているのです。

私はある国際大会で、キューバとカナダ戦の主審をしましたが、4回裏まで一度もストライクのコールをしなかったことがあります。打てる範囲に来た球は初球から打ったり、空振りしたり、ファウルにしたりして、見逃しがなかったので審判が判定する機会がなかったのです。

国際大会で審判をし始めた当初は、先輩に「ストライクゾーンギリギリに投げてきたらどうしよう」と聞いたことがありますが、先輩からは「大丈夫だよ、海外ではそんなとこに投げてこないから」と言われました。そういうところも、日本とは大きく異なっています。

2000年のシドニーオリンピックでは、私はアメリカと韓国の試合の球審をしましたが、ベン・シーツも、ロイ・オズワルトも全球157km/h前後の速球をストライクゾーンに投げていました。

決勝のアメリカ・キューバの試合では一塁塁審を務めましたが、アメリカのエース、ベン・シーツは100マイル近い速球でキューバを零封して優勝しました。

昔の日本野球もそんなにたくさん投げることはありませんでした。

元日本ハム監督の大沢啓二さんは、神奈川県立商工高校のエースとして、試合時間57分という記録を持っておられますが、

「昔の野球では、ストライクを投げ込んで1球で打ち取るのがいいピッチャーだったよ。理想は27球でゲームセットすることだ」と言っておられました。私の法政二高の先輩である柴田勲さんも同じことを言われました。

浪商時代、甲子園で大活躍をした尾崎行雄さんも全打者3球三振の81球が理想と言いました。

ボール先行でだらだらと球数を増やすのは、別に日本野球の伝統でも何でもありません。

飛びすぎる金属バットの問題

高校野球の投球数が増えるもう一つの原因は、金属バットだと思います。

金属バットは反発係数が高いので、しっかり引き付けなくても打球が飛んでいきます。安打も増えますから、投球数も増えていきます。

それに、ものすごく打球速度が速いので危険です。ときにはプロよりも打球は速いと思います。

私の法政大学の同期だった銚子利夫君は、市立銚子高校時代、甲子園で顔面に打球を喰《く》らって退場しています。

あんなバットで打っていては、その後木製バットに持ち替えたときに苦労します。U18日本代表に選ばれた高校球児の中にも今年大学に入って苦労している選手がいます。

韓国や台湾も木製バットに替えました。アメリカでは、金属バットでも木製バット並みの低

反発のバットを使っています。日本でも考えなければならないと思います。今の日本の金属バットは、打者にも投手にもよくないと思います。

ルールの抜け穴を見つける日本野球

日本とアメリカでもう一つ違うところがあります。それはルールに関する考え方です。アメリカでは、野球のルールは「事例集」のように見なされています。

もともとは野球のルールは20しかありませんでした。それが試合を続けていくうちに故意または偶然に起きたプレーを判断すべきことが増えてその都度ルールが加えられ、大きなルールブックになりました。でもルールは事例集であって、そこに書かれていなくても、公平、公正な条件で野球をするうえで、おかしなことはしないのが、アメリカの考え方です。「事例集」から「野球のルールの精神」をくみ取るということです。

しかし日本では、野球の規則を「法律」のように解釈します。ルールブックに書かれていないことは、法律の抜け道を見つけるように、何をやってもいいと思う指導者が多いんです。

30年以上前に、甲子園でスクイズの好機で、投手が打者の背面に意図的に投げて打者を打たせないようなことをしたチームがあります。これ以降、「野球というものは打者のバットに届く範囲に投げないといけないものだ」として投手にボークを課し、打者は打撃妨害として一塁を与えるとして、規定されました。

よく「どこまでだったらボークにならないのか」と聞かれますが、その前に「正しく投げる」「だましたりひっかけたりしてはいけない」そう指導するのが、本来の指導者だと思います。

日本の指導者の中には何でもルールぎりぎりを狙う人がいますが、それは野球の精神に反しています。

「待球作戦」は誰のためにもならない

わざとファウルを打って相手投手の球数を増やそうとする「待球作戦」も、野球本来の姿から見てどうか、という観点で考える必要があるでしょう。

「待球作戦」は、自分より実力が下の投手に対してはできると思います。でも、140㎞／hを超えるような投手の球をカットするのは簡単ではないでしょう。できるとしても、そんなことばかり練習していたら打撃技術は落ちるでしょう。

審判の目から見れば、わざとファウルを打っているのか、ファウルになっているのかは、わかります。ヒット狙いのときは、スイングをしています。でもわざとファウルを打つときは、ぎりぎりでバットを出してちょこんと当てています。そういうのを見かけたら、「やっちゃだめだよ、前に打てよ」と声を掛けます。

2013年夏の甲子園で、ある小柄な選手のカット打法が話題になりました。準々決勝では41球を相手投手に投げさせました。試合中もあまりにも意図的にファウルを打つので私は「前に打ちなさい」と注意しました。

この試合が終わった後、監督と部長を呼んで、

「高校野球規則に『バントの定義』という項目があります。カット打法もバントと判断したら、ストライクにカウントします。念のためにお知らせしておきます」と伝えました。

監督、部長は「知りませんでした」と言いましたが、準決勝では約束を守ってくれました。試合は負けましたが、これが原因ではありません。野球の本質から見たら、絶対おかしいでしょう。

この春の選抜の出場校の監督に、新聞社がアンケートをしていましたが、大半の人が「球数制限が導入されたら、待球作戦をする」と言いました。信じられない、自分たちの野球がおかしくなるのに、と思います。やったらやり返すになるでしょうから、子供の将来を考えたら決してプラスにならない。誰のプラスにもなりませんし、ファンもそんな野球は見たくないはずです。

野球は品位あるスポーツなのです。試合相手をどんな時もリスペクトし、香り高き基本を持って戦う。先人たちが築いてきたアマチュア野球の品位を失ってはならないと思います。

野球離れを助長する今の日本野球

若いころからめいっぱい野球をすると、おなか一杯になってしまって、その先伸びないということも考えるべきでしょう。

私の法政大学でのチームメイトだった小早川毅彦君は小学校時代は、野球をしていませんでした。中学も本格的ではなかった。体格など素材を認められてPL学園に入ってからは大活躍し、プロでも立派な成績を残しましたが、じっくりと成長していけばいいんです。

子供のころから、朝から晩まで練習をさせるのはよくありません。

長時間練習は、野球が嫌われる原因の一つになっています。

私は神奈川県海老名市の職員です。海老名市は今では珍しく人口が増えています。子供たちの数も減っていない。でも10年前600人いた少年野球選手は、いま280人です。で、親コーチが300人もいる。

神奈川県では、横浜ＤｅＮＡベイスターズが野球の楽しさを体験させる普及活動を続けていますが、それで野球に興味を持った子が学童野球に入って、その厳しい指導に「こんなはずじゃない」と思ってやめてしまうんです。小学校時代に野球を嫌いにさせてしまうと、ずっとそのままです。

日本の野球はあるときから「勝つためにはなんだってする」「楽しむより厳しく仕込む」方向に行ってしまって、それが未《いま》だに正しいと思われているんですね。

野球は9人全員が順番に、公平に打つことができる民主的なスポーツです。打って、走って、得点する。誰でもヒーローになれる品位ある楽しいスポーツなのです。

「球数制限」の議論をきっかけに、本来の「野球のあり方」を考えるべきだと思いますね。

論4

荻野忠寛「高校野球の伝統を守るために変わる必要がある」

荻野忠寛は、桜美林高校、神奈川大、日立製作所を経て2006年大学、社会人ドラフト4巡目でロッテに入団。セットアッパー、クローザーとして活躍。ロッテを退団後は日立製作所を経て、野球指導者。2019年、青少年のスポーツ現場における指導者及び父兄への正しいスポーツ教育の周知、育成を目的とする一般社団法人スポーツメディカルコンプライアンス協会を設立し、理事に就任。またスポーツパーソンシップを提唱し、日本のスポーツ改革に取り組んでいる。その立場から「球数制限」についで聞いた。

野球指導者　荻野忠寛

肩肘を守るための5つの注意点

個人的な意見としては、高校生だけでなく育成年代はすべて、今すぐにでも厳しい投球数制限を設けるべきだと思います。肩や肘を痛めないようにするために、注意しなければならないことは、大きく5つあると思います。

・投球数
・フォーム
・疲労
・投球強度
・成長度合い

この5つです。

・投球数

どんなに良いフォームでも、投げ過ぎれば故障します。

フォーム、疲労、投球強度、成長度合いによって投げられる球数は変わってきますが、それを判断するのは、とても難しいことだと思います。

その中でも言えることは、どんな選手でも、ある一定の投球数を超えれば、投球数が増えれば増えるほど故障のリスクは上がるということです。

・フォーム

身体に負担の少ないフォーム。関節に過度の負荷がかかっていないフォーム。

このようなフォームを身につけることができれば格段に、故障するリスクは下げることができます。これは見た目だけの動きではなく、どこの筋肉を使っているのかまで注意を払う必要があります。

・**疲労**

人それぞれ回復力も違うので、疲労を見極めるのは非常に難しいと思います。

筋肉が疲労すれば柔軟性が落ちます。それだけでなく、筋出力が低下するので、関節を守る力が弱くなります。

投球数、フォーム、投球強度、成長度合いによっても大きく違ってきます。

その日や前日の投球数だけでなく、過去を見る必要もあります。

勤続疲労や蓄積疲労という言葉が使われるように、疲労は蓄積されていくと考えるべきです。

栄養不足、休養、睡眠不足も原因のひとつになります。

疲労は筋肉だけでなく精神的な疲労もあるということも忘れてはいけません。

・**投球強度**

投球強度が上がれば上がるほど負担は大きくなります。

出力する技術が高い選手はより注意が必要です。

身体ができていないのに速い球が投げられる選手や常に全力投球する選手も注意が必要になります。

それぞれの選手の投球強度が、どのくらい故障につながるのかの判断は非常に難しいことです。

・**成長度合い**

大人と子供では骨が違います。子供の骨は、大人の骨に比べ、柔らかいので、外力や負荷に弱いです。骨は、そのままの形で大きくなるのではなくて、骨の端に軟骨ができ、それが骨に置き変わることで大きくなります。

軟骨部分と骨の間が開いていて、そこが徐々に閉じていくということです。この軟骨と骨の間に見られる線を骨端線と言います。最終的には、骨端線の両側の骨が癒合し、骨端線が見えなくなり大人の骨になります。骨端線が消えるまでは、関節部分は軟骨でできているので、特に弱いということです。骨端線が消えるのは身長が伸びなくなることが目安になりますが、定期的に検診を受けて、レントゲンで見ることが大切です。

骨の成長度合いだけでなく精神的な成長度合いもあります。考え方もまだ成長段階で大人ほど先を考えて行動することができないということも理解しておかなければなりません。

投球数制限をしたら終わりではない

この5つを常に注意しておくことが選手の身体を守ることになります。

実際に投球数制限をしたところで、5つの内の1つしかクリアできません。

しかし、投球数以外のフォーム、疲労、投球強度、成長度合いは、指導者の目が必要です。経験、技術的、医学的、身体的な知識などがなければ正確に判断することが難しく、医療機関の協力も必要になります。

指導者の育成には相当な時間がかかると思います。それに対して、投球数をルール化することは今すぐできる対策です。投球数制限をしたら終わりではありません。

スポーツやスポーツパーソンシップ（スポーツマンシップ）を理解した行動をすることや、指導者の育成を進めなければ根本は解決しませんが、それらをしている間にも、身体を壊す選手は存在するということです。現状を考えたら、早く対策をする必要があります。

指導者の目が確かで、スポーツパーソンシップに則った判断ができれば、投球制限はいらないので、厳しい投球制限をルールにして、そこから緩和していくという方向が良いのではないかと思います。投球制限の撤廃を目標に、投球制限がなくても選手の身体を守れるということを証明することです。

投球制限の目的は、ピッチャーの身体を守ることなので、この意識がなければ練習で投げる分には関係ないという考えになってしまいます。

「気持ち」も部員数の減少も別次元の問題

このような意見を言うと必ず出るのが、子供の投げたいという気持ちを尊重するべきだという意見です。

子供は大人よりも危険を察知する能力が低いというのは誰もがわかっていることだと思います。子供が怪我をしそうな危険なことをしたら、いくら子供がやりたいと言っても注意したり、やめさせるのに、なぜ、投球においては、投げすぎたら危険とわかっていながら、選手（子供）の気持ちを尊重するという発想になるのか、ということです。

もうひとつが、チームに複数の投手が必要になるので、部員数が多い学校ではそれは可能だが、部員数が少ない学校では難しい。投球制限をすれば勝てなくなる、格差が広がるという意見です。

部員数が少ないのは選手の問題ではなく、指導者や学校、もしくは仕組みの問題であり、それを一部の選手の肩に背負わせるというのはいかがなものかと思います。

昨夏の大阪桐蔭がなんの努力もせずに、3人のピッチャーをそろえたわけではありません。勝ちたければ普段からあらゆる努力をする。部員集めもそのひとつです。

それを怠って大会の時だけ勝つためにと、ひとりの選手に背負わせ、投球制限をすれば勝てなくなると言うのは、大人の言い訳に聞こえてしまいます。

部員数の減少は、野球界、スポーツ界が早急に、取り組まなければならない別の問題です。

「球数制限」は監督も守る

投球数制限のルール化により、監督を守ることにもなると思います。

もしルールがない中で、エースピッチャーを交代して逆転を許してしまったときに、「なぜ交代した」というバッシングから守ることができます。

ピッチャーを交代するハードルを下げることができます。

スポーツパーソンシップに則り、医学的な視点から選手の身体を守り、選手の将来を考えた上で、「全力で勝ちを目指し、強いチームを作ってください」という話です。

何をしてでも強いチームを作れば良い、勝てば良いという話ではありません。

僕が会社で働いていた時も、「健康・安全はすべてに優先する」といろいろな職場に書かれていました。人が生きていく上での、基本的な考え方だと思います。それが野球は違う。スポーツは違う。とはならないと思います。

「定年でもう仕事を辞めるから、健康・安全を無視して働いてくれ」とはなりません。

それと同じで、もう野球をやらないからという理由で、健康・安全が優先されないとはならないと思います。

投球数制限の導入で選手の肩、肘を守るだけではなく、投球数制限の導入により、世間に考えるきっかけにしてもらい、スポーツに携わる人のマインドを変えることで、選手の肩、肘だけでなく、将来や人権を守るところまで見据えることが必要だと思います。

その一歩として投球数制限を導入してほしいというのが、僕の考えです。

それと同時に、スポーツの本質、投球制限の本質の理解を広めていくことが必要です。

球数を投げさせるために、待球作戦をしたり、ファウルを狙って打ったりは、野球というスポーツの理解に乏しいと思います。試合で投げられないから練習で投げる、というのも投球数制限の本質を理解できていないと起こってしまいます。

伝統を守るために変わる

今までの野球のあり方が悪いと言っているわけではありません。

今までのやり方があったからこそ、ここまで野球が発展してきたのだと思います。

野球には素晴らしい伝統があり、甲子園を見ても、これほど注目されるスポーツは日本の中には数えるほどしかありません。今まで多くの人が作り上げ、積み上げてきた実績であり、守っていかなければならないものでもあると思います。

日本のスポーツをリードしてきた野球がこれからの時代でも日本のスポーツをリードしていくために、時代の変化に沿ったやり方に変えていく必要があると思います。

その一歩が投球数制限になるのではないかと思います。

野球が安全なスポーツであり、生涯スポーツとして楽しめる、誰でもピッチャーができるということを広める方が野球界にとって、プラスが多いのではないかと思います。

2020年の東京オリンピック期間中に高校野球の地方大会が行われることになると思います。世界中から集まるスポーツパーソンに、日本の誇る、部活動をアピールするチャンスになります。

そこに現状のような、選手を酷使するやり方では、海外の人たちには評価されません。これまでとは時代が変わってきたということです。来年いきなり変えるのは難しいので、今から変えていくべきではないのかと思います。

「甲子園」をどのようにとらえるか

投球制限の問題も、猛暑の中の過密日程の問題も、生徒の成長や身体を守るという「生徒中心の考え方」と、見ている大人が感動したい、高校野球の人気を利用してお金を儲《もう》けよう、学校の宣伝のために勝たなければいけない、というような「大人中心の考え方」が混じっているのでなかなか解決策が見つかりません。分かりやすく言えば、球数制限で生まれるメリットは生徒たちにあり、それで生じるデメリットは大人たちにあるということです。

現状の問題がなかなか解決されないのは、高校野球が誰のためのものなのか、何を目的としているのかをはっきりさせないで議論をしているからです。

今の問題は、高校野球は営利目的ではない。ビジネスではないと言いながら、営利目的のビジネスをしていることにあります。

学校側も勝つことで学校の宣伝をしようと考え、指導者を高いお金を払って雇います。指導者がプロで選手がアマチュアという構図もあると思います。

指導者が雇い主である学校から勝ちを求められているので仕方がない部分もあります。指導者は学校の方針に沿っているだけとも言えます。これだけ甲子園を中心に高校野球をメディアが煽《あお》れば当然のこととも言えるでしょう。

地方大会でも1試合数万人の観客を動員し、テレビ放映があります。各高校の監督が負ければ自分自身の進退に関わるので「一戦必勝」のために優秀な選手だけを起用し、ピッチャーを酷使するのも当然とも言えます。

他のスポーツでは、箱根駅伝も似たような構図になっています。

スポーツパーソンシップという考え方

この生徒と大人の持つ課題、両方を改善に導いていくのが今高校野球を始めとする学生スポーツに一番欠けているスポーツパーソンシップの浸透だと思います。

スポーツパーソンシップを根付かせることは、必ず必要でやらなければならないことです。なぜ「パーソン」という言葉を使うのかというと、男女を分ける言葉が使われなくなっている時代背景もあるが、「パーソン」には「人格」という意味も含まれているからです。

スポーツは、個性を大切にし、人格を育てるという役割も持っています。

それを考えると現代には「スポーツマンシップ」よりも「スポーツパーソンシップ」の方が妥当であると考えています。それが広まるとスポーツの価値が上がり、スポーツがこれまでにない発展を遂げることが想像できます。スポーツに携わる人が尊重され（大切にされ）、その競技自体が尊重され守られていきます。

昨今問題になっている投手の酷使の問題、猛暑の中の過密日程などの根本にある、学生を使って儲ける（得をしよう）という考えがなくなります。

高校野球にスポーツパーソンシップを

今の高校野球の指導者にはスポーツパーソンシップに則って指導している人は少ないと感じています。

スポーツパーソンシップを深く理解すれば、生徒を使ってお金を得ようとする考えの人はいなくなり、生徒を成長させるためにお金を生み出そうという考えになります。

そこで生み出された利益は生徒に還元されます。

スポーツの本質であるスポーツパーソンシップの理解は、本質を見る能力も養います。するとﾠ「学生の本分は勉強である」という大前提が守られ、すべては生徒の教育のためという考えが広がるはずです。スポーツの環境も教育の環境も高めていくことを目的に、収益を上げることを考えられるようになります。生徒の成長を阻害してまで何かをしようとする人はいなくなる。

これからの学生スポーツはスポーツパーソンシップを徹底的に浸透させ、そこからいくらでもお金を稼いでくれという方向に持っていくべきだと思います。そのお金は生徒を成長させるために使い、スポーツ界から優秀な人間を輩出していく流れを作ることができると思います。

それには、スポーツパーソンシップが守られる土壌が必要不可欠です。

「球数制限」から始まる議論は、スポーツパーソンシップを広めるうえでも重要だと考えています。

4章

変わる少年野球の世界

高校野球に比べて、中学以下の野球界の改革の動きが急なのは、「待ったなし」で競技人口が減っているからだ。

日本の少年野球は「高校野球」のミニチュアとして発展してきたが、高校野球の改革を待っていては、存続が危ぶまれる。その危機感が、中学以下の野球界を突き動かしている。

今後は「野球少年の未来」を真剣に考えず「目先の勝利」を追い求めるチーム、指導者は生き残ることができなくなるだろう。

「待ったなし」の危機的状況にある少年野球

ようやく減少に転じた高校野球とは異なり、中学校以下の少年野球人口は「待ったなし」で減少している。

小学生の競技人口は、3年前に少し持ち直したが、2018年、再び減少に転じた。プロ野球の地上波での試合中継がほぼなくなったこともあり、子供がテレビで野球を視聴することがなくなったこと。サッカーやバスケットボール、水泳など他のスポーツを経験する機会が増えたことが大きいとされる。保護者の中には「指導者の質」を問題視する声も大きい。トレーニング法、スポーツ医学には全く関心がないことが多い。喫煙者の比率も高い。

今、野球普及のためにNPB球団や大学、高校などが、未就学児、小学校低学年を対象にティーボールなど「野球遊び」の体験会を開いている。これらはおおむね好評だが、この体験会で野球に興味を持った子供が、学童チームに入って、昔ながらのスパルタ指導に触れて一気に「野球嫌い」になってしまうケースが多い。

プロ野球の普及担当者は「現状では、小学校で野球を始めてくれなくてもいい。野球に対する良いイメージだけを持ち続けてくれれば」と話す。

中学校の軟式野球も悲観すべき状況だ。今や中学部活では選手だけでなく指導者も不在で壊滅状態になっていることも多い。

中学硬式クラブは、より本格的に野球をしようという団体だ。ボーイズリーグ、リトルシニアリーグ、ヤングリーグ、ポニーリーグ、フレッシュリーグの5団体がある。

これらのリーグは「野球予備校」と言われ、甲子園に出場するような強豪高校への進学を目指す野球少年の登竜門だ。「野球離れ」が続く中で、硬式クラブチームだけは選手数がほとんど減少しなかった。コアな野球少年を集めてきたのだ。しかし、2016年ころからこれらの団体も減少に転じた。主要5団体で構成する日本中学硬式野球協議会は、2015年「中学生投手の投球制限に関する統一ガイドライン」を設け、試合での登板は1日7イニング以内、連続する2日間で10イニング以内と定めた。硬式クラブチームの競争が過熱する中で、選手の健康被害が顕著になってきたからだ。

高野連、中体連、スポーツ少年団の競技人口の推移

単位人

年	高野連（硬式）	中体連（軟式野球）	少年団（男子軟式）
2006	166,314	302,037	164,798
2007	168,501	305,300	170,548
2008	169,298	305,958	172,008
2009	169,449	307,053	173,978
2010	168,488	291,015	168,512
2011	166,925	280,917	156,242
2012	168,144	261,527	142,719
2013	167,068	242,290	131,786
2014	170,312	221,150	123,583
2015	168,898	202,488	118,064
2016	167,635	185,314	121,479
2017	161,573	174,343	122,517
2018	153,184	166,800	113,615

しかしイニング制限では、投手の投球過多を抑制する効果は万全ではない。小学校からの酷使もあり、中学で大きなケガ、故障をして野球を断念する例が後を絶たない。

そんな中で「球数制限」を導入し、「試合には全員出場」を基本方針とするポニーリーグが、選手数を増加させているのは、注目に値するだろう。しかし、野球界全体がこの問題に取り組み、野球を再び「選んでもらえるスポーツ」にしなければ、将来は開けない。

論1

瀬野竜之介「私たちから変えていこう」

堺ビッグボーイズの代表、瀬野竜之介は自身も高校球児であり、大阪府下で少年硬式野球チームを指導、運営してきた。近年「勝利至上主義」を見直した選手本位の指導、育成で注目されている。少年野球指導者の立場から、考えを聞いた。

何か変えないといけないな

私は堺ビッグボーイズの1期生です。1992年から2000年まで、チームの監督を務めました。全国優勝も2回経験し、世界大会でも監督を務めました。

監督就任当時は、漠然と、中学時代に注目され、活躍した選手はそのまま甲子園に行って、プロでも活躍しているものと思っていました。

でも、指導者になってから、自分がかかわった選手や、対戦したチームの有力選手のその後を見ても決して想像するような活躍をしていないということを感じるようになりました。

堺ビッグボーイズ代表　瀬野竜之介

すごいといわれた投手がケガや手術をしたり、投手をやめて野手になったり、野球をやめたりしている。そのまま上の野球でも成功した選手は少なかったんですね。

監督を退任して2年後に、チームの代表になりましたが、そのころから認識に変化が起こりました。

若くして挫折する選手の多くは強豪チームにいました。強豪チームは試合数が非常に多い。それに、投手は変化球を多く投げている。勝てば余計に試合数が多くなって、同じ子がずっと投げることになる。そういう投手ほど負担が大きくなる、という悪循環ではないかと感じたんです。でも当時は周囲にそういう疑問を持っている人はほとんど見当たりませんでした。

何か変えないといけないな、と思うようになった。

そういえば、海外の世界大会では、他の国の投手は継投をしていた。日本は投手を完投させて勝っていたが、向こうの指導者は割と冷淡な反応だった。「俺たちはこんな野球はしない」と言っていた。

もう一つのきっかけになったのは、MLBのスカウトだった方にチームのアドバイザーになっていただいたことです。日米の違い、日本の問題点についてすごくシンプルな指摘をしてくださいました。「なるほど、そういうことか」と思いました。

改革を断行した

そういうことがはっきりしてきたので、今後は自分がやってきたことを改めなければならない。

指導方法を全面的に改めようと思いました。
「球数制限」、
「変化球制限」、
「練習時間の短縮」、
「指導者は怒声罵声を浴びせるのではなく、選手を見守る、観察する」、
「自主練習の時間を設ける」、
などが主要な改革でした。

「球数制限」に関して言えば、学年ごとの球数の上限を決めました。

中学1年は50球、変化球はなし。

中学2年は60〜70球。変化球はそのうち5球程度、ただしスライダーはなし、そのかわりカーブ、チェンジアップを覚えよう。

中学3年は80球。連投する場合も2試合で80球まで。変化球は1割まで。

まだMLBがピッチスマートも制定していないころでした。

当時は、キャッチボールをしっかりさせましたが、ブルペンでも投げさせませんでした。

投手希望の選手だけを残して、投手捕手の距離で、お互いが交互に座りあって10球、20球程度を投げさせました。

こういう改革をしてから、どこかが痛いと訴える子はいなくなりました。

もちろん、小学校時代の投げすぎによる疲労や、成長痛をもって入団してくる子はいますが、中3になって故障で投げられない投手はいません。残念ながら他のチームにはたくさんいるのが現状ですが。

それから堺ビッグボーイズ主催で、フューチャーズリーグというリーグ戦も始めています。試合では球数制限を導入してリーグ戦をしています。理解あるチームが参加してくれています。

また、試験的に反発係数が低い金属バットも使っています。子供たちに良いと思うことはどんどん取り入れています。

球数制限あり、低反発金属バットを使った堺ビッグボーイズ主催のフューチャーズリーグ

良いことばかりではなかった

この改革が、良いことばかりだったかというと、そうではありません。

高校に上がった子に「どう?」と聞くと、「堺ビッグボーイズのやり方はよかったけど、こんなところは苦労しました」ということも出てきました。

スライダーという球種は、勝利に近づくボールです。高校野球でも有効です。でも幼少期に投げすぎると肘を痛めるリスクがあります。うちの選手は禁止をしているので、一切投げていません。そもそも投球練習の球数も少ないので、変化球を試す場が少ないのも事実です。変化球はモノにできないままになることが多いです。

でも、高校に行けばすぐに結果を求められる。

「お前、こんな変化球も投げられないのか」

と言われることもあります。

野手でも、バントさせない野球が中心でしたので、高校へ入ってすぐにバントのサインが出て「できないのか」と言われる子もいました。

それはある程度、予測できたことではあります。でも、即、結果を求められる日本の高校野球の現状を完全に無視することもできません。

だからその後は、ブルペンでの投球練習をしたり、少し早い時期から変化球を投げさせたり、変更したこともありました。ただし、ブルペンは最大で30~50球。捕手が球数をカウントして中告するようにしました。それでもブルペンでの連投はしません。

もう一つ、試合での勝利数が減ったのも問題でした。

相手チームは、堺ビッグボーイズの投手はまっすぐしか投げてこないのがわかるから、思い切って振ってくる。それにより、打ち込まれることもあります。

大人は、先を見越して育てているからそれでいいんだよ、と説明しますが、中学生ですから自信を無くして「僕、公立高校でいいです」ということもある。

ドミニカ共和国なら、「メジャーに行く」が目的ですから、今この場で打ち込まれても自信を無くしたりはしません。

つくづく思うのは「ここは日本だ」ということですね。

日本の子は野球をする動機が違います。自信を無くさせてしまうのは私たちの本意ではありません。この部分は、もう少し検証する必要があるなと思っています。

小学生の指導者が気がかりだ

しかしそれでも子供たちの健康被害をかなり少なくすることができたのは、大きなことだと思います。

高校、大学で肩肘が痛くなって投げられなくなったり、手術を受けたりする選手の中には中学、小学校時代の酷使が原因である例が多くあると思います。でも、当の少年野球の指導者は、そのことをほとんどわかっていません。

自分の教え子が大学に進んでから手術をした、肩肘の故障で野球をやめたと聞いても、「ひょっとして俺らの指導に原因があったのでは」と思う小中の指導者は皆無です。

問題は、そういう指導者の意識にあるのではないでしょうか。

4年前に堺ビッグボーイズに小学生の部を作りました。

そこでわかったのは、小学生の指導には改善の余地が大きいのではないかということです。

中学校の硬式野球チームには、高校野球などでそれなりの経験を持つ指導者が割と多くいます。

しかしながら小学生のチームになると事情は違うようです。聞くところでは指導者も慢性的に不足しているチームが多く、少しでも野球の経験があればすぐに指導者になってもらうように依頼され、何の指導経験もないにもかかわらず、その日から「コーチ」になることもあるようです。指導の経験があまりないのに、子供に無理をさせる、期待をかけ過ぎるなどの例が多いと聞きます。

今後のことを考えれば、小学生の野球指導を改革する必要があると思います。

自分をコントロールできる子もいる

永年やってくる中で、父母の反応も変わってきました。

堺ビッグボーイズの指導法を聞きつけて、愛知県、滋賀県、京都府、兵庫県、和歌山県からも子供を連れてくる親御さんもいます。

その反面、小学校の強豪チームにいた子供の親の中には「これでは勝てない」「いい高校に行けない」と、堺ビッグボーイズを敬遠する人も現実にいました。

その子たちが隣のチームに入部して、そこで酷使をして結果的にケガをしてしまう。そしてそのチームにうちが負ける、というパターンをよく見てきました。隣のチームは勝つけど、選手の寿命は縮まる。悲しい現実です。悔しいし、無力感を抱きます。

そういう現実でもつぶれずに成功する選手も中にはいます。

ダルビッシュ有選手は、小、中学校時代から知っていますが、当時の大人は彼のことを「あいつは生意気で、言うことを聞かない。練習をさぼる」

と言っていました。実際には、彼は意識して練習をセーブしていたわけです。そういう立ち回りが普通の中学生にはできません。

ボールを投げるクオリティで言えば、プロで活躍できるようなレベルの投手は毎年いるんですが、大半の選手は高校に入ると、パフォーマンスが落ちるんですね。みんな期待に応えようとして無理をする。指導者に従順になって投げすぎてしまう。

アメリカには「無理をする」という発想がありません。「甲子園」がないからです。甲子園があるから、選手は「あそこに行きたい」と思い、親も指導者も「行かせてあげたい」と思う。

しかし甲子園に行こうと思ったら、時間がないから、やらなければならないことも多くなる。無理もする。結局、問題の核心は「甲子園」によるものが大きい、ということになるでしょう。

どこからでも変わろう、という機運が

高校野球の「球数制限」は、もちろん導入した方がいいと思います。

でも、それ以上に重要なのは「日程」でしょう。

1日に投げる球数もさることながら、続けて投げるリスクは高いと思います。

新潟高野連が導入しようとしたことで、皆さんの頭に「球数制限」という言葉が入りだしたのはいい傾向です。「やらなければならないなあ」という認識が広がっていけばと思います。

「投球フォームが良ければ、球数制限は必要がない」という意見もありますが、ボランティア指導者が大半という現状で、きちんと理解して教えることができる指導者はそう多くないと思います。中途半端に投球フォームを教え始めたら、混乱して余計に危険でしょう。

少し前まで、高校が球数制限をやれば、中学、小学校もそれに倣うだろうと言う人が多くいましたが、先駆けて今年の春から全日本軟式野球連盟が学童野球で導入を決めました。

また、私たちのボーイズリーグでも関東地区で一部、テストケースとして、球数制限を用いる大会が開催されました。

「高野連が変わらないと」といっていたのが、今はどこからでも変わろう、という機運になっています。そうなったら高校野球はどうするのか、という問題になってきますね。

中学校、小学校の意識改革が進む中で、高校野球はどうしていくのか、それを今後も注目したいと思います。

論2

那須勇元 ポニーリーグで始まった球数制限

中学生の硬式野球団体である日本ポニーベースボール協会は、今季から本格的に「球数制限」の導入に踏み切った。その背景と「球数制限」を実際に行う上での問題について、事務総長で、市原ポニーベースボール会長の那須勇元に聞いた。

国際大会ではピッチスマートを導入

ポニーリーグは、主要な少年硬式野球団体で構成する日本中学硬式野球協議会が2015年に設けた「中学生投手の投球制限に関する統一ガイドライン」に従って、試合での登板は1日7イニング以内、連続する2日間で10イニング以内と定めてきました。

しかし、2年前、アメリカでMLBが主導して、年齢別に投手の投球数や登板間隔を定めた「ピッチスマート」が導入されました。アメリカポニーもこれを導入しましたが、日本ポニーもピッチスマートを導入するように指示がありました。

日本ポニーベースボール協会事務総長　那須勇元

ポニーベースボールは、アメリカで生まれ、今もアメリカの本部が、世界のポニーリーグに指示を出しています。ポニーリーグは世界を8つのゾーンに分けています。日本はアジアパシフィックゾーンに即していますが、このゾーンのリーダーは私です。日本とアメリカの少年野球の事情は違うので、私はアメリカと話し合いながらも是々非々の姿勢で臨んでいます。

国内大会では1年生は「85球」を上限に

日本ポニーとしてこれにどう取り組むか、議論をしましたが、昨年5月の「広澤克実杯　ジャパンゼネラルスポーツ旗争奪全日本地域対抗選手権大会」から、ピッチスマートを導入しました。さらに、今年から1年生の大会は1日の球数を85球にする球数制限を導入しました。2年生、3年生の大会も今年中に検討して、来年には全面的に導入する方向で考えています。ただ、ワールドシリーズにつながる試合は、ピッチスマートを導入しますが、国内の試合では「1日当たり20球以上投げると翌日は登板できない」というピッチスマートのルールはそのまま導入してはいません。1日の上限85球だけを導入しています。

20球にすると球数のカウントがシビアになります。また投手交代が頻繁になるので、試合時間が長くなります。ポニーは土日のいずれかしか試合がなく、そもそも連投はあり得ないので、現状では必要ないと判断しています。

もともとポニーは選手を大事にする指導理念が徹底されています。一人の投手に頼らない起用法が基本です。85球まで投げるケースはあまり見られませんが、一応上限を設定したというところです。ポニーの指導者は子供たちが何球投げたかを、練習段階から常に気にかけています。投球練習の球数制限には踏み込み切れていませんが、試合でだけカウントしても仕方ない、練習からチェックすべきだと思っています。

「球数制限」導入にともなうスタッフの問題

導入するうえでは、運営スタッフの問題がありました。

球数制限を導入すると、試合ではハーフイニングごとに投球数を発表しなければなりません。両チームの指導者が間違えないためにも、いかに投球数をクリアに表示するか、が問題ですね。試合で主催者側は、スコアラーに加えて、投球数をカウントするスタッフを配置しました。そのうえで、表示板を設置して球数を表示するか、ハーフイニングごとに場内アナウンスで投球数をアナウンスしています。

今のところ、大きな混乱は起こっていません。

また、ポニーでは両チームのベンチでスコアラーが投球数をカウントしています。主催者側の投球数がおかしいと思ったら、主催者と両チームベンチのスコアブックの投球数を突き合わせて球数を決定します。

スコア、球数の記入

慶友整形外科病院、古島弘三医師がポニーリーグを立ち上げる

ただ85球は暫定的な数字ではあります。1年生で85球は適切なのかどうか。

この春から、慶友整形外科病院整形外科部長・慶友スポーツ医学センター長の古島弘三先生が、舘林慶友ポニーリーグを立ち上げられ、私たちの仲間に加わってくださいました。

そこで、古島先生にもアドバイスをいただいて、最終的な球数を決めようと思っています。85球はアメリカの11~12歳の子供の投球数の上限です。日本の子供は体も小さいからもっと少なくてもいいかもしれない。75球に下げることも検討しています。

古島先生のご意見もいただいて、最終的には理事会で案を作ります。いずれにせよ、根拠、理屈の裏付けをしっかりしたいですね。

ピッチスマートなり、「球数制限」なりを導入して投げた選手が中学校を卒業した時に、そうじゃない選手に比べて肩、肘の状態はどうなのか。1年生の時に投手のレントゲン写真やMRIをとって、「球数制限」をしっかり守って野球をさせていけば3年生でどうなっているのか、を総合的に検証する必要があると思います。

小学校時代に障害を負った子供が入ってくる

古島先生のポニーリーグが選手を募集したところ12人の子供が集まったそうですが、そのうち半分の6人が潜在的な野球肘でした。自覚症状がない子もいました。小学生時代の酷使で、潜在

的に壊れている子がいたのです。

私が会長を務める市原ポニーベースボールでも今年入ってきた1年生26人のうち4人が、4月1日、練習初めの日に「肘が痛いです」と言ってきた。まだ練習する前に、そういう状態でやってくるんです。

小学校時代の酷使は相当深刻だと思います。

本人が痛いと言ったときには、すでに発症しているので、本人の自覚症状がないうちに見つけるにはどうすればいいかについても古島先生に相談しています。

例えば、大会があるときに、子供たちの肩ひじの状態を診るのもいいでしょう。

「野球肘」が見つかれば、その子はノースローになりますが、ポニーの場合、指導者は医師の言うことに従います。無理はさせません。これが2年生、3年生となれば中学時代は投げられない可能性があるので大きな問題ですが、1年生なら治す時間があります。

「きれいな肩肘の子は、きれいなまま」卒業させる

もともとポニーリーグは「育てる場」だという意識が徹底されています。高校野球につなげる場だ、勝負するところではないということです。

うちは〝野球は試合に出て覚えよう〟が理念です。そのためにポニーの大会はすべてリーグ戦です。原則として補欠はいません。12人いれば1チームを作ります。投手は3人程度です。そのほかに野手兼任の投手もいます。

もちろん、野球の技術を高め、体力もつけさせますが、基本的には「きれいな肩肘の子は、きれいなまま」卒業させます。故障を持ったまま入ってきた子も「もっときれいにして」卒業させることを目標にしています。もし、状態を悪化させたとすれば、それは私たちの責任です。

そのうえで、結果を求めるということです。両方を並行してやるのは難しいので、段階を踏んで成長させるのが基本です。練習の投球数を抑えながら、球速をアップさせるにはどうしたらいいのかを科学的に教えます。さらに体の使い方も教えます。

「球数制限」に関しては、ファウル打ちによる「待球作戦」が懸念されています。中学生になれば、技術的には可能な子も出てくるでしょうが、ポニーではそもそもその発想がありません。子どもたちは一生懸命練習しているのだから打たせろというのが基本です。

指導者は、甘いストライクをちゃんと打たないと注意をします。中学レベルでは、いい球はそんなに来ませんから。何球目であっても、好球必打が中学野球の基本です。

ポニーイズムでは「バットは打つためにあるものであり、当てるためにあるものではない」ということですね。

ただ、他流試合の時はそれをやられる可能性はありますが。基本的にはポニーはやりません。

大学、プロで活躍する選手も輩出

ポニーの卒業生といえば、昔は元巨人監督の高橋由伸選手などが有名ですが、今も大学やプロで活躍する選手が出てきています。

東海大学4年生の原田泰成投手は、私が会長を務める市原ポニーベースボールの卒業生です。中学の時は、足の故障があったのでほとんど投げていません。でも中学3年で球速は130km／hを超えました。今は150km／hを超えて、ドラフト候補の一人になっています。

先日、令和時代の初完封勝利を果たした埼玉西武ライオンズの今井達也投手も、栃木県の鹿沼ボーイズの出身です。

こういう形で、私たちの考える「少年野球」の理念が、少しずつ実を結びつつあります。「球数制限」の導入も「子供たちにとって何が一番良いのか」を考えながら、推進していきたいと思います。

初めて「球数制限」を導入

5月26日、江戸川区球場で日本ポニーベースボール協会による「第43回全日本選手権大会　ポニーブロンコの部」の開会式と試合が行われた。

「ポニーブロンコの部」は、中学生の硬式野球リーグであるポニーリーグの1年生の部門。23チームが集まり、5月26日から6月23日まで、5つの球場でトーナメント戦が行われる。今回、注目されるのは、ポニーリーグの大会として初めて「球数制限」が導入されたことだ。

「大会細則」には、

(03) 1日の投球数の制限を85球とする。（85球を超えたら、その打者が終了後に投手を交代する。）

と明記された。

中学硬式野球の主要5団体（ボーイズ、リトルシニア、ヤング、ポニー、フレッシュ）からなる日本中学野球協議会では、中学生投手の投球制限に関する統一ガイドラインで、

1．試合での登板は以下のとおり制限する。

1日7イニング以内とし、連続する2日間で10イニング以内とする

と決めているが、球数制限を設けたのはポニーリーグが初めてだ。

両軍合わせて6枚のスコアシートを作成

「球数制限」を導入するうえでは、主催者、両軍ベンチは「投球数をカウントする」というこれまでにない作業が発生する。

4月に市原ポニーベースボールの練習試合を取材した際には、スタッフが増員され、球数を「正の字」で数えていたが、今回の公式戦では、主催者が球数のカウントもできる特製のスコアシートを作成し、主催者と両軍ベンチに配布していた。スコアシートは一般のものとほとんど変わらないが、各打席の右側の投球を書く細い欄が二つになっていて、投球内容（空振り、見逃しストライク、ボール、ファウルなど）とともに、1打席ごとの投球数が記入できるようになっている。ベンチと記録室では、従来のスコアシートに加えて、両軍の球数入りのスコアシートも作成しなければならない。両軍合わせて6枚のスコアシートが作成される。

ベンチ裏の記録室では、ハーフイニングごとに球数のアナウンスをする。両軍ベンチのスコア

担当者は、それを確認し、手元の数字と違っているときは記録室に申し出る。記録室は両軍ベンチのスコアシートと記録室のスコアシートを突き合わせて球数を決定する。

作業としては煩雑になるが、「球数制限」の導入には、こうした業務がつきものだ。大学や社会人とは異なり、専従スタッフが少ない少年野球では父母などの負担になっていく。

スコアラーを買って出た保護者に「作業が増えますね」と聞くと、「子供を守るためなので、負担には感じない」とのことだった。

並行してアプリの導入も検討中

球数制限の導入を主導した、日本ポニーベースボール協会、本部事務局の田本剛は、

「球数制限は、今後の少年野球では避けて通れないことですので、親御さんが子供たちをより近くでしっかり見られるという意味でも、良い部分の方が大きいのではないかと思います。

もともと導入するという話は事前に各チームに伝達していましたが、導入するのはこの大会が初めてなので、まずはやってみて、改善点があればその都度考えていくということになります。

これに並行して、『Easy Score』というアプリの導入を検討しています。タブレット端末に1球ごとに入力すれば、スコアや球数がオンタイムで分かります。設定しておけば、球数制限に達したらアラームが鳴るようにもなります。今回は江戸川区球場の試合で試験的に使っていますが、このアプリを公式戦で本部と、各チームが使用するようになれば、負担は軽くなると思います。

導入にあたっては、やはり〝大変だ〟という声もありましたが、子供たちのために父母が少し

だけ汗をかけばクリアできることですので、やってみようよ、と説明しました。並行してアプリの導入などで負担軽減の努力もします」

開会式に参加した指導者10人に話を聞いたが、「球数制限」に反対する人はいなかった。

「もともと聞いていた話だし、私も必要だと思っていたので、導入できてよかったと思う」という声が多かった。中には、

「うちのチームでは、自分たちだけで球数をカウントしていた。練習も含め、以前から子供たちの球数を数えていたので、まったく負担には感じない」

と語る指導者もいた。

この日は季節外れの猛暑で、朝8時過ぎには球場の気温は28度に達した。大会主催者側は、球場に集結した選手を座らせて来賓の祝辞を受けた。こういうところにも「子供を守る」というポニーリーグの考え方が表れていた。

試合では暑さもあって、1イニングで30球を超える球数を投げる選手もいた。早いイニングからブルペンでは投手が練習を開始した。

少年野球の現場では、今後、こうしたことが「当たり前の光景」になっていくのだろう。

導入を検討しているEasy Ssore

論3

世界に先駆けて球数制限を導入したリトルリーグ

リトルリーグは、4歳から16歳まで（日本では中学前半の13歳まで）の子供を対象にした硬式野球リーグだ。1939年にアメリカ、ペンシルベニア州で発足。日本には1950年代半ばにもたらされ、1964年には日本リトルリーグ野球協会（現・公益財団法人日本リトルリーグ野球協会）が設立された。

日本の少年野球では最も早く「球数制限」を取り入れた団体だ。

「球数制限」導入の経緯と、その後の運用について、公益財団法人日本リトルリーグ野球協会理事、運営委員会　規則・審判部会　部会長の常田昭夫と理事の森嶌敏仁とに聞いた。

公益財団法人日本リトルリーグ野球協会理事の森嶌敏仁(左)と理事、運営委員会　規則・審判部会部会長の常田昭夫

２００７年から球数制限を導入

日本のリトルリーグが球数制限を導入したのは、２００７年のシーズンからだ。前年11月、協会の機関誌「ぼくらリトルリーグ」に10月にアメリカの本部で決定された球数制限の趣旨が、発表された。

リトルリーグは６イニング制で、他の少年野球団体より１イニング短い。かつては試合で２イニング以上投げた投手は大会中の次戦は登板できないと決められていたが、球数制限はなかった。

森嶌「アメリカ本部がイニング制では障害は防げないと考え始めたんです。２００４年あたりからその議論があったようです。大学のスポーツ医科学の専門家を交えた検討会議を開いて、具体的な数字を出したわけです。スポーツ少年の健康問題に対する意識は日本とはかなり違いました」

この決定は全世界のリトルリーグで共通だった。

日本の学齢では小学5年生～中学1年生の前半までのクラス（メジャー部門）では、85球。小学4年生以下（マイナー部門）は75球と決められ、さらに投球数に応じて休養日（最大４日）まで設けられた。※発表当時は最大3日でしたがその後4日に変更されました。

常田「発表があった時はびっくりしました。マイナー部門は75球ですから、4～5回で投手を交代させせなければならない。そのため投手を数多く持っているバランスの良いチームが有利になった。

戦力がばらけたことで、今まであまり上位に来なかったチームにもチャンスができました。総体的に言えば、良い投手を数人擁している方が打撃戦になっても勝ちぬけていけます。勢力図が変わりましたね」

スムーズな運用ができている

試合では、場内放送で球数をアナウンスする。

常田「両チームからお母さん方に2人ずつ出ていただいて、自チームの攻撃終了時にアナウンスをしてもらっています。その際に○○投手は何球です、と周知するようにした。

アナウンス用のスピーカーセットも日本協会から配布しました。記録員は球数のカウンターを担当しています。各連盟で、球数を記入するシートのフォーマットを作って使用しています。地区ごとにやりやすいようにやっています。両ベンチは当然、スコアをつけていますが、球数については、自チームの投手の投球数は確認できますが、相手チームの投手の球数を公式記録員に聞くことはできません。これが結果的に待球作戦につながらないようになります。そもそも待球作戦は小学生では技術が追いつきませんが」

電光掲示板のある球場では、E（失策）の表示を利用して球数を表示してもいる。リトルリーグでは失策の表示はしないからだ。1球ごとに球数を表示している。

森嶌「当初は試行錯誤がありましたが、いろいろな意見を持ち寄って今の形になりました。今の運用はスムーズですね」

リトルリーグには、マイナー部門、メジャー部門に加えて、中学1年後半から2年のインターミディエット部門がある。こちらは95球が限度になっている。

常田「95球が上限の子と、85球の子が一緒に試合に出ることがある。この子は95球だっけ、85球だっけということがある。そこでインターミディエット部門は、『あと何球』というマイナス表示にすることにしました」

もう一つ、リトルリーグでは捕手のルールもある。

常田「『投手が21球以上投げた場合、その日は捕手になれない。1試合中に4イニング以上捕手を務めた選手は、その日は投手を務めてはならない』というルールがあります。捕手も1球ごとに投げるので肩肘の負担が大きいからです」

驚きはあったが混乱はなかった

父母の間にも「球数制限」導入に対して大きな異論は出なかった。

森嶌「リトルリーグでは、メジャー以下の部門では、投手の投球が打者に到達するまでの離塁はできません。実質的に打者が打った場合などに塁を離れられる。つまり盗塁がありません。盗塁がないから牽制球が必要ない。走者がいようがいまいが大きなモーションで投げることができ

連盟競技部が投球数を確認中

る。クイックも必要ない。セットポジションで投げてもいいけど、完全に静止しなくてもいい。自由に大きなモーションで投げなさいということになっている。

投手の肩肘に負担がかからないように、アメリカでそういうルールが作られたのです。だから球数制限を導入しても、驚いたけれども動揺はそれほどありませんでした」

障害が減っている手ごたえが

導入前後での子供の健康障害についての調査は行っていない。しかし、障害が減っているという手ごたえは感じている。

常田「30年くらいリトルリーグの仕事をしていますが、昔は〝この子、急にボールが来なくなったなあ〟ということがありました。でも最近は、肘を痛めてダメになった、という話は個人的に聞いたことがありません。チームには複数の投手が必ずいます。1人の大エースだけでは勝てないので。導入してからネガティブなニュースはないですね」

子供の体を守るリトルリーグをアピールしたい

リトルリーグも競技人口の減少に直面している。軟式野球ほどではないが、右肩下がりが続いている。

森嶌「少子化に加えて環境の制約があります。軟式の場合は近所の学校の校庭が使えますが、リトルリーグは硬式ですから、専用の球場や河川敷などでやらなければいけない。移動距離が長くなるので、車での移動など保護者の負担があり、他のスポーツよりも手間暇がかかります。また、日本では硬球は危険だという認識もある。実はリトルリーグは、子供の体を守るルールが整備されているのですが、そのあたりをもっとアピールしなければならないと思います」

リトルリーグには「みんなにチャンスを与える」という理念もある。

常田「球数制限の導入以前から、お山の大将はいらない。できるだけ多くの選手に投手をやらせなさいという考え方があった。選手がみんなで勝利を目指すのがリトルリーグです。ベンチ入りは最大14人ですが、全員を試合に出さなければならない。指導者は限られた選手だけでやりたいかもしれませんが、選手を出場させないとペナルティが科せられます」

日本の野球界では、リトルリーグは極めて先進的な考え方を持っているといえるだろう。

森嶌「だからアメリカでピッチスマートが発表されたときにも動く必要はなかった。同様の制限をルール化していましたから」

常田「リトルリーグは他の団体に先駆けて新しい運営方法を導入しています。ビデオ判定も2003年の世界大会で試験導入しており一番早かった。サイン盗みについては、2年前から発覚すれば、審判の判定でプレーを止めてまずコーションを与える。それでも続ければ、安打や本塁打を取り消して当該選手と監督は退場になります。必要なことは何でもやるんですね」

森嶌「日本の野球では、『勝利至上主義』がいろんな戦略を生んでいます。他の団体にはそれを頭脳プレーとか美徳のように言う指導者もいるようですが、そうじゃない。野球にはフェアプレーが大事、というのがリトルリーグの考え方です」

リトルリーグの球数制限
2019 ルールブック 公認規定 競技規則から
規定Ⅵ 投手

リトル年齢投球制限
11－12歳 1日85球まで。
9－10歳 1日75球まで。
7－8歳 1日50球まで。
・選手が1日に66球以上の投球をした場合、4日間の完全休息が必要。
・選手が1日に51～65球の投球をした場合、3日間の完全休息が必要。
・選手が1日に36～50球の投球をした場合、2日間の完全休息が必要。
・選手が1日に21～35球の投球をした場合、1日間の完全休息が必要。
・選手が1日に1～20球の投球をした場合、休息日は必要ない。
※試合で21球以上の投球をした投手は、その日は捕手を務めてはならない。
※4イニング以上捕手をした選手は、その日は投手を務めてはならない

論4

宗像豊巳「野球離れ」を食い止めるためにも必要
——学童野球は変わり始めている

２０１９年１月５日の「ぐんま野球２０１９」の席上、全日本軟式野球連盟の宗像豊巳専務理事が、学童野球の70球の「球数制限」の導入の意向を表明した。前年12月の新潟県高校野球連盟の春季県大会での「球数制限」導入表明に続き、大きな反響となった。「球数制限」は、2月14日の同連盟の評議員会で、正式決定された。この間の経緯について、宗像豊巳に聞いた。

どんなにコストがかかっても改革しよう

学童野球の健康被害については、5年ほど前から問題になっていました。毎年8月に神宮球場で行われる高円宮賜杯全日本学童軟式野球大会 マクドナルド・トーナメント（マクドナルド大会）には、全国から51チームが出場しますが、１人で１大会６試合を投げぬいて肩を壊した子がいました。

全日本軟式野球連盟専務理事　宗像豊巳

これまで球数制限については議論してきませんでしたが、この時期から投手はどのくらい投げているのか、何人で投げているのかについてデータを取り始めました。

その集計を見ると、半数以上が1人で投げている。1試合に70〜100球を投げますから、そのまま決勝まで行くと最大で500〜600球も投げることになる。この暑い時期に疲労がたまれば肩を壊すのが当たり前だということになりました。

都道府県大会も調べてみると同じでした。

そこで、整形外科医の先生などに相談しました。慶友整形外科病院の古島弘三先生や、徳島大学の柏口新二先生、松浦哲也先生、新潟リハビリテーション病院院長の山本智章先生などにもアドバイスをいただきました。

すると学童野球では、4割くらいの子供が何らかの障害を持っている。25万人いる学童野球選手のうち、10万人は故障をしている。肩肘の違和感のレベルまで含めると半数を超える。

こういう数字が出てきたときに、このままやっていいのか？

実態がメディアに出て、大事な子供さんを預かっていて、何をしているんだということにならないか、という議論が起こりました。

そこで、どんなにコストがかかっても、改革をしようと決心したわけです。

2年前から徳島県軟式野球連盟では、徳島大学の松浦先生のご指導で70球の球数制限を導入していた。1年間データを取ったところ、痛みを訴える子が40％から30％に減少したという報告も上がっていました。

そういう結果を受けて、やらない方がおかしいということで、データを発表してスタートしようということになりました。

70球の裏づけはありません。ないけれども何らかの規制をしないと、子供の故障が減らないということで「球数制限」導入に踏み切ったのです。

1月5日に発表してから2月14日の評議員会で議決するまで「勝手なことをするな」とか「そんなことをすればチームが減る」など反対意見もたくさん出ました。

でも、同時に保護者の方からは

「監督が勝つために、うちの子を毎日100球以上投げさせている。子供が痛がっても投げさせるので困っていた」という電話もいただきました。そこで導入を決めたのです。

ライセンス制度も導入

学童のコーチ、監督の中には野球理論を知っている人は多くありません。地域の名士などが、ボランティアでやっていることも多い。選手の健康面についても知らない人が多いんです。

そういう人には「球数制限」導入を機に、勉強をしてほしいと思います。

次の段階として、この3月からライセンス制度を導入しました。全国に1万2千人いる学童チームの監督には「学童コーチ」というライセンスを与えます。このライセンスがなければ、全軟連に登録することができません。ベンチでチームを指導することはできません。

3年間の猶予がありますので、この間に資格を取ってください。そしてその資格取得の中で「球数制限」についても学んでください、ということです。

子供の時代に肩肘を怪我すると、一時的に治ってもまた大人になってから障害が起こることがあります。野球だけでなくテニスやバドミントンも同様ですが、子供時代のスポーツ健康障害は、将来に大きな影響を与える可能性もある。野球は4割以上も怪我をしている。そんなことはあり得ないと思います。

踏み込んだ改革も推進

すでに地方大会で「球数制限」を導入しています。「70球」で始めましたが、データを取って50球まで下げたほうがいいのか、チーム編成は今のままでいいのか、なども検証したいと思います。

また将来的には、中学校や女子の野球にも「球数制限」を導入したいと思います。

マクドナルド大会は、夏休み中の7月8月という日程は変えることができません。でも1日50球以上投げたら登板間隔を2日開ける、30球なら1日、20球までなら連投もできる、などのルールも考えたい。

さらに、大会の一部をリーグ戦にすることも考えられる。

ベスト8か16を選出するまでは、各ブロックでリーグ戦をしてもいい。リーグ戦だと一度負けても大会に出場できる可能性がある。「球数制限」と組み合わせれば、複数の投手を使うチームも増えるだろう。得失点差を加味することも考えられる。

さらに、ダイヤモンドの塁間や投本間の距離を短くしたり、盗塁をなくしたりすることも考えられる。来年以降、そこまで踏み込んだ改革を推進したいと思います。

試合で「球数制限」を導入するうえでは、設備がある球場では電光掲示板で球数を表示します。公認記録員と審判はそれぞれ2人いますが、そのうち1人ずつが球数をカウントすることにしています。全国大会では、これに大会役員も含めて3者で球数を確認します。

さらに球数のアナウンスも告知します。

今のところ、大きなトラブルは起こっていません。

高野連、中体連、全軟連、3者で考えるべき問題

新潟県高野連が「球数制限」の導入を決められたことには敬意を表したいと思います。

全国の野球少年は、甲子園を目指しています。それは中学校、小学校の選手も同様です。

高野連、中体連、全軟連などの組織は縦割りですが、選手はみんな「甲子園」という同じ目標を持っているのです。だから高校野球の「球数制限」も、高野連、中体連、全軟連、3者で考えるべき問題なのだと思います。

日本高野連の「有識者会議」に日本中学校体育連盟・軟式野球競技部専門委員長の土屋好史氏が入っているのも、一緒にやろうという意味があるのではないでしょうか。

高野連の改革が進まないのなら、私たちからという考えもあるでしょうが、高野連は興行性が高く、財源を持っています。大会を自己負担で開催する我々とは違って、実行力もあるはずです。

硬式軟式を問わず、アマチュア野球の健全な発展のために、日本高野連がリーダーシップを発揮してくださることを期待します。

さらにプロ野球、ＮＰＢが医師の報酬とか検査の費用の補助を考えていただくとありがたいと思います。

みんなに選ばれるスポーツに

これから生き残っていけるのは、楽しくて健全なスポーツだけです。

野球が楽しくて、安全で、健康や体力増進に最高のスポーツだということにならなければ、将来はないはずです。

軟式野球は、競技人口が激減しています。私たちは、使用する用具の規制を緩和して、安い道具でも使えるようにしていこうと考えています。またお茶当番など、父母の負担も軽減していこうとしています。

そういう面も含め、みんなに選ばれるスポーツとして再生すべきだと思います。

学童野球に関する投球数制限のガイドライン

最後に軟式野球では投球制限についてどのようなガイドラインを設けているのか。参考として引用する。

公益財団法人　全日本軟式野球連盟

本ガイドラインの設定は、大学・整形外科・医師・理学療法士・各学会等の、データによるものと各会の立場での助言指導、また「運動器の10年」のアンケート調査及び実施している支部等の実態及び提言を検証し、競技運営並びにチーム編成を考慮し設定したものである。

1　試合での投球数制限について　1日70球以内とする。

2　練習での全力投球数について　野手も含めて1日70球以内、週に３００球以内とする。

3　練習について　1週間に6日以内、1日3時間を超えないこととする。

4　試合について　練習試合を含め、年間１００試合以内とする。

5　選手の障害予防のための指導者へのガイドライン

①試合をしないシーズンオフを少なくても3ヵ月もうける。

②練習前後のウォーミングアップ、クーリングダウンは少なくともそれぞれ20分以上行う。

③複数の投手と捕手を育成する。

④選手の投球時の肩や肘の痛み（自覚症状）と動き（フォーム）に注意を払う。

⑤正しい投げ方、肘に負担をかけないための投げ方への知識を高める。

⑥選手の体力づくりに努める。

⑦運動障害に対する指導者自身の知識を高める。

⑧勝利至上主義から育成至上主義への学童野球のイノベーション。

⑨医師の検診結果への充分なる対応をしていく。

論5

4連投に全試合登板……酷使は女子野球にも【大森雄貴】

女子野球は今、唯一競技人口が増加しているカテゴリーだ。しかし人気になるとともに、男子流の勝利至上主義が台頭し、投手の酷使も起こっている。この現状について、ライターの大森雄貴がレポートする。

女子野球にも存在する春夏の全国大会

２０１８年夏の甲子園、春の選抜からの連覇を目指し、のちにＮＰＢへ４名輩出したスター軍団大阪桐蔭高校に対し、地元選手を中心に秋田県勢１０３年ぶりの決勝進出した金足農業の決勝戦は、第１００回の記念大会を大いに盛り上げた。

その陰で、地方大会からすべて一人で投げ抜いた吉田輝星投手へ心配の声が多数寄せられ、投球制限の必要性を訴える声がチラホラと上がり始めた。

一方、男子と同じく〝女子野球〟にも春の選抜と夏の選手権が存在する。

２０００年４月に8校でスタートした〝女子の選抜〟こと全国高等学校女子硬式野球選抜大会は、２０１９年の第20回記念大会では、参加校が26校にまで達した。

全国の高校がしのぎを削り合い、決勝に勝ち上がった2校は話題を呼んだ。

圧倒的な部員数を誇り、数々の大会でタイトルを獲得し、昨年の選抜大会覇者で、連覇を狙う私立神戸弘陵高校と対峙《たいじ》したのは、2018年に創部し、新2年生11名のみで勝ち上がってきた宮城県代表のクラーク記念国際高校、この構図は、男子の第100回大会夏の甲子園を彷彿《ほうふつ》とさせた。

対照的な2校による決勝戦

神戸弘陵高校は、初戦の秀明八千代高校をコールド勝ち（7－0）、準々決勝では日本代表マドンナジャパンでも監督を務めた橘田恵監督率いる履正社高校を3－0で下し、順調に決勝へ駒を進める。

対して、クラーク記念国際高校はシードから、初戦から優勝経験もある花咲徳栄高校を5－0で下し、神村学園高校戦（5－3）、至学館高校戦（3－2）と接戦を制した。

決勝戦は、神戸弘陵高校が1－0のサヨナラ勝ちで2連覇を達成し、幕を閉じた。熱戦の中で、両校のエースは、全試合を投げ抜いた。

神戸弘陵高校は豊富な部員数を誇り、控え投手も多数いたものの、佐伯絵美投手が5試合全てを完投し、失点はわずか1失点の成績を収めた。

クラーク記念国際の小野寺佳奈投手は4日連続の4連投（うち3試合完投）。決勝前日の準決勝は延長戦タイブレークまで1人で投げ抜いた。

小野寺投手は、2年生ながらコンスタントに120㎞/h前後の球速を投げ、準々決勝では、高校女子野球最速の125㎞/hをマークした。しかし、大一番の神戸弘陵戦、この日ストレートの最速は120㎞/h、アベレージ115㎞/h前後であった。球速は、スタンドの誰もが減速を確認できるほどであった

女子野球は、イニングが7回制のルールを除けば、距離間や使用するボールも男子と同じ規定とルールでプレーする。高校野球において〝4連投〟は過酷な行為だ。

決勝戦まで1人で投げ抜き、迎えるは王者。選手は意気に感じて、全力で投げるだろう。今後、男子同様「選手を酷使から守る」観点から、女子野球でも投球制限を考える必要性を感じ、議論されるべきではないだろうか。

ダブルヘッダーは当たり前、1日3試合をすることも…

「あの子はいつも投げてるよ」

全国大学女子野球選手権を観戦していると、隣に座った某高校女子野球部の監督はそうつぶやいた。

大学女子野球は、現在8つの大学が大会に参加しており、高知県安芸市で行われる春の大会、愛知県で行われる秋の大会と2度全国大会が開催される。

2019年春の決勝、リードを許した大阪体育大学のマウンドでは、準決勝で、前回大会優勝

平成国際大学相手に完投勝利したエースが再び投げ込んでいた。

女子野球は、未だ加盟校も少なく、またグラウンドなど施設も男子優先で押さえることが難しい。そのため、アマチュアの大会では、大会日数が最小限で組まれ、ダブルヘッダーも珍しい話ではない。

当然、怪我した投手は数知れず存在する。優勝した環太平洋大学では、投球過多から肘を怪我し、手術したため登板機会なく大会を終えた投手がベンチを温めた。

手術をした彼女は卒業後も野球を続けたいと願っている。

女子野球の将来を真剣に考えたい

男子では、日本高校野球連盟が「投手の障害予防に関する有識者会議」を設け、近い将来にアクションが起きる可能性は高まった。選手の障害予防や選手の将来を考慮した上で、導入されるか否か決まるだろう。

とある高校の女子選手に投球制限について、インタビューをした。

「男子で言われている投球制限では『選手の将来を守るため』とよく聞きます。でも、女子野球では、野球を続ける〝将来〟は狭すぎる。高校が終われば、たいていの女子は野球を続けられないですから…」

これらの話は、男子でも聞くことはある。高校野球で燃え尽きさせてあげたいという監督の話も耳にする。

しかし、この話には続きがある。

「女子野球を持つ大学野球部は私学だけで、高い学費や部費、寮費を払ってでも野球をすることは難しい。男子では、大学の硬式野球部に入部しなくても、準硬式、軟式、クラブチーム、サークル、草野球と野球ができる環境があるのは正直羨《うらや》ましい」

「出れる大会は数少ない。だから、肘や肩を痛めても、私は投げたいと思ってしまう」

チーム数に限りがある女子野球では、成人を迎え野球を続けることは難しい。地方では、対戦相手の確保も県を越えなければならない。

また〝野球で飯が食える〟女子野球選手はほんの一握りであり、結婚・出産により、野球を離れる場合もある。

2019年横浜DeNAベイスターズ筒香嘉智が記者会見内で投球制限に言及し

「大人の都合ではなくて子どもたちの将来を考える」

と発言し、導入を勧める意志を示した。

競技人口が増加の一途をたどる女子野球だが、門戸は開けど、継続的にプレーできる環境がなければ野球を続けることはできない。

男子のNPBそしてMLBが将来的な目標として位置付けられるよう、女子プロ野球を含め、長期的に野球を続けられる〝将来〟について考えなければならない。

日本の女子野球を科学する必要性

男子野球の競技人口減少が叫ばれている中、競技人口が増加し、普及しつつある女子野球は新たな道を歩み始めるべきだ。

今後、女子野球において、指導者は重要なキーワードになるだろう。男子同様、勝利至上主義に固執し過ぎず、「選手の将来を考える」指導者が求められる。

さらに、女性スポーツの特異性の知見を有し、配慮すべきである。女性特有の身体的特徴を考えた上、指導に当たることが必要とされる。

投球制限においても、男子で議題にあがる具体的な球数や投球間隔は女子野球にも当てはまるだろうか。女子野球選手に適した練習やケアは果たして普及しているだろうか。今一度、女子野球を顧みる必要性を感じる。

海の向こうの野球大国アメリカでは、メジャーリーグにおいても球数管理は一般的だ。また、MLB入りを夢見て過熱した少年野球に警鐘ともいえるガイドライン「ピッチスマート」も存在するなど、子どもの将来を考えている。

これまで、WBSC女子野球ワールドカップ6連覇を誇り、世界のトップレベルをひた走ってきた日本の女子野球は、世界各国の憧れの的であり、目標である。

プレーやそれ以外でも諸国を引っ張る役目を果たさなければならない。

女子野球はブルーオーシャン

もろもろの課題は存在するも、女子野球はまだまだ成長期であり、組織も成立したばかりの若いスポーツだ。

歴史がある日本高校野球連盟の所属ではなく、学生野球憲章も未だ存在しない。考え方次第では、女子野球は未来を作るブルーオーシャンといえるだろう。決して、男子野球と同じ道を歩む必要はない。着手すべき事柄は山のようにあり、今後の歩み方が大切である。もしかすると、投球制限とは限らずとも、選手を第一に考えた「プレイヤーズ・ファースト」な施策を女子野球が先に実践する可能性も大いにあり得るだろう。

クラーク国際高校のエース・小野寺佳奈投手
（撮影 竹村裕児）

私学と公立　広がる格差

□公立　■私学

年	春の甲子園		夏の甲子園	
	優勝校	準優勝校	優勝校	準優勝校
1985	伊野商（高知）	帝京（東京）	PL学園（大阪）	宇部商（山口）
1986	池田（徳島）	宇都宮南（栃木）	天理（奈良）	松山商（愛媛）
1987	PL学園（大阪）	関東一（東京）	PL学園（大阪）	常総学院（茨城）
1988	宇和島東（愛媛）	東邦（愛知）	広島商（広島）	福岡第一（福岡）
1989	東邦（愛知）	上宮（大阪）	帝京（東東京）	仙台育英（宮城）
1990	近大付（大阪）	新田（愛媛）	天理（奈良）	沖縄水産（沖縄）
1991	広陵（広島）	松商学園（長野）	大阪桐蔭（大阪）	沖縄水産（沖縄）
1992	帝京（東京）	東海大相模（神奈川）	西日本短大付（福岡）	拓大紅陵（千葉）
1993	上宮（大阪）	大宮東（埼玉）	育英（兵庫）	春日部共栄（埼玉）
1994	智弁和歌山（和歌山）	常総学院（茨城）	佐賀商（佐賀）	樟南（鹿児島）
1995	観音寺中央（香川）	銚子商（千葉）	帝京（東東京）	星稜（石川）
1996	鹿児島実（鹿児島）	智弁和歌山（和歌山）	松山商（愛媛）	熊本工（熊本）
1997	天理（奈良）	中京大中京（愛知）	智弁和歌山（和歌山）	平安（京都）
1998	横浜（神奈川）	関大一（大阪）	横浜（東神奈川）	京都成章（京都）
1999	沖縄尚学（沖縄）	水戸商（茨城）	桐生一（群馬）	岡山理大付（岡山）
2000	東海大相模（神奈川）	智弁和歌山（和歌山）	智弁和歌山（和歌山）	東海大浦安（千葉）
2001	常総学院（茨城）	仙台育英（宮城）	日大三（西東京）	近江（滋賀）
2002	報徳学園（兵庫）	鳴門工（徳島）	明徳義塾（高知）	智弁和歌山（和歌山）
2003	広陵（広島）	横浜（神奈川）	常総学院（茨城）	東北（宮城）
2004	済美（愛媛）	愛工大名電（愛知）	駒大苫小牧（南北海道）	済美（愛媛）
2005	愛工大名電（愛知）	神村学園（鹿児島）	駒大苫小牧（南北海道）	京都外大西（京都）
2006	横浜（神奈川）	清峰（長崎）	早稲田実（西東京）	駒大苫小牧（南北海道）
2007	常葉菊川（静岡）	大垣日大（岐阜）	佐賀北（佐賀）	広陵（広島）
2008	沖縄尚学（沖縄）	聖望学園（埼玉）	大阪桐蔭（北大阪）	常葉菊川（静岡）
2009	清峰（長崎）	花巻東（岩手）	中京大中京（愛知）	日本文理（新潟）
2010	興南（沖縄）	日大三（東京）	興南（沖縄）	東海大相模（神奈川）
2011	東海大相模（神奈川）	九州国際大付（福岡）	日大三（西東京）	光星学院（青森）
2012	大阪桐蔭（大阪）	光星学院（青森）	大阪桐蔭（大阪）	光星学院（青森）
2013	浦和学院（埼玉）	済美（愛媛）	前橋育英（群馬）	延岡学園（宮崎）
2014	龍谷大平安（京都）	履正社（大阪）	大阪桐蔭（大阪）	三重（三重）
2015	敦賀気比（福井）	東海大四（北海道）	東海大相模（神奈川）	仙台育英（宮城）
2016	智弁学園（奈良）	高松商（香川）	作新学院（栃木）	北海（南北海道）
2017	大阪桐蔭（大阪）	履正社（大阪）	花咲徳栄（埼玉）	広陵（広島）
2018	大阪桐蔭（大阪）	智弁和歌山（和歌山）	大阪桐蔭（北大阪）	金足農（秋田）
2019	東邦（愛知）	習志野（千葉）		

［資料］1985年以降の春夏甲子園の優勝・準優勝校

今や、公立高校が決勝まで進出するのは至難の業となっている

5章

ガラパゴス化する高校野球

アメリカ、台湾、韓国、ドミニカ共和国での「球数制限」に関する動向をレポートする。こうした状況を知れば知るほど、日本の高校野球の特殊性を痛感する。

１００年以上の伝統を持つ高校野球は、日本野球の輝かしい「文化」ではあるが、一方では健全な進化を遂げるべきスポーツでもある。国際的なスポーツ界の趨勢《すうせい》に合わせて、変革すべき必要性はますます高まっている。

世界から見た日本野球の特殊性

２０１８年11月20日、ユニセフ（国連児童基金）と公益財団法人 日本ユニセフ協会は、スポーツと子供の課題に特化したユニセフとして初めての文書、『子どもの権利とスポーツの原則』(Children's Rights in Sport Principles）を発表した（P.230参照）。

この発表の会場には鈴木大地スポーツ庁長官も出席。野球界からは、ビデオメッセージでＤｅＮＡベイスターズの筒香嘉智が、「勝利至上主義」の排除と健全な育成の必要性を訴えた。今、世界のスポーツ界では「青少年の健康」を第一に考えたスポーツ改革の機運が高まっている。

ＭＬＢは、２０１３年にピッチスマートを策定し、全米の少年野球に導入した。これは、投手を育成するにあたり、子供の健康被害を考慮して年齢別に投球数や登板間隔を細かく定めたものである。その背景には「北米４大スポーツ（ＭＬＢ、ＮＦＬ、ＮＢＡ、ＮＨＡ）」の競争が激化する中で、子供、保護者に選ばれる「安全で、健康面に配慮した」競技であることをアピールしたという思惑もあると思われる。

また、アメリカでは２０１１年から「打球が速すぎる」ということから、アマチュア野球での飛びすぎる金属バットを廃止し、反発係数の基準を導入。木製バットと同程度の反発係数の金属バットしか使用できないようにルール変更をした。

こうした野球の改革はアメリカだけで起こっているわけではない。かつて日本野球の影響下にあった韓国や台湾の高校野球でもすでに「球数制限」を導入している。また両国では一部の大会を除き金属バットを廃止し、木製バットを再度復活させている。

日本の青少年野球界は、こうした世界の野球界の趨勢から取り残されている。18歳以下の野球の試合で「球数制限」を導入していない国は、今や日本だけである。日本国内では、昨年夏に至るまで、その議論さえ行われることがなかった。

また、飛びすぎる金属バットを試合で使用しているのも日本だけである。甲子園で活躍した選手たちが、U18ワールドカップなどの世界大会で、台湾や韓国に完敗するのは、飛びすぎる金属バットを使用している弊害だと言われている。35度を超す炎天下に、熱中症の危険を顧みず試合をさせているのも日本だけである。

旧態依然とした日本野球は、日本のスポーツ界においても特異な存在になりつつある。

日本の野球界、とりわけ高校野球はこうした「ガラパゴス化」に対して強い危機意識を持つべきだと思う。

日本ユニセフ協会でビデオメッセージを送るDeNA筒香嘉智

論1

MLBが導入したピッチスマートとは何か

アメリカ野球協会とMLBは、安全な投球練習のための包括的なリソースを提供することによって、若い選手の腕の怪我を減らすサポートをする。

野球はあらゆる年齢層でプレーするのに安全なゲームだが、調査によると、投球し過ぎると――特に若いときに――投手の怪我のリスクが高まる可能性があることがわかった。

傷害の危険因子

何十年にもわたる研究を通じて、専門家はアマ選手を傷害の危険にさらしている行動についての洞察を得た。青少年投手に関する最新の全国調査では、青少年投手は依然としてこれらのリスクにさらされていることが分かった。腕の疲れや腕の痛みによるリスクは投球数の増加と関連していた。

＋45%

投球数を数えたり、上限を設けたりしないリーグでの投球によって高まるリスク

＋43・5％
連投によって高まるリスク
＋30・4％
シーズンが重なる複数のリーグで掛け持ちで投げることによって高まるリスク
＋19％
ダブルヘッダーで連投することによって高まるリスク
＋13・2％
年間8カ月以上競争の激しいリーグでプレーすることで高まるリスク

ピッチスマートのガイドライン

8歳以下　投球距離：46フィート（約14メートル）

・スポーツへの情熱、基礎体力、楽しさを重視（9〜12歳まで）
・野球のルール、基礎技術、チームワークの習得（9〜12歳まで）
・年間の投球回は60回以下
・最低4カ月のノースロー期間を毎年設け、その期間を最低2、3カ月継続すること（13〜14歳まで）
・投球前に適切なウォームアップを行うこと（全年代）
・投球数制限と登板間隔を遵守《じゅんしゅ》すること（全年代）

・速球とチェンジアップ以外は投げないこと（9～12歳まで）
・1シーズンに複数チームに所属しないこと（全年代）
・登板しないときに捕手を守らないこと（全年代）
・登板した日には別の試合で投げないこと（全年代）
・年間を通じて野球以外のスポーツにも取り組むこと（13～14歳まで）
・疲労の兆候を見守ること（全年代）
・降板した投手が再び登板しないようにすること（9～12歳まで）

9～12歳　投球距離：46～50フィート（約14～15メートル）

・年間の投球回は80回以下

13～14歳　投球距離：60フィート（18・44メートル）

・速球とチェンジアップに安定した力が備わった後、その他の変化球を覚えること（15～18歳まで）
・年間の投球回は100回以下（15～18歳まで）
・降板した投手はほかの守備位置に就いたのち、再登板できる。ただし、同一試合内のみ

15～18歳　投球距離：60フィート（18・44メートル）

ピッチ・スマート・プログラム

年齢	最大投球数（試合時）	登板間隔（投球数）				
		0日	1日	2日	3日	4日
7〜8	50	1〜20	21〜35	36〜50	1日50球以上禁止	
9〜10	75	1〜20	21〜35	36〜50	51〜65	66球以上
11〜12	85	1〜20	21〜35	36〜50	51〜65	66球以上
13〜14	95	1〜20	21〜35	36〜50	51〜65	66球以上
15〜16	95	1〜30	31〜45	46〜60	61〜75	76球以上
17〜18	105	1〜30	31〜45	46〜60	61〜75	76球以上
19〜22	120	1〜30	31〜45	46〜60	61〜75	76球以上

Pitch Smart (http://m.mlb.com/pitchsmart/)より

・最低4カ月のノースロー期間を毎年設け、その期間を最低2、3カ月継続すること
この間オーバースロー禁止（19〜22歳も）
・複数のリーグ、トーナメント、ショーケースなどでもガイドラインにしたがうこと
（19〜22歳も）

19〜22歳

・通年の投球量を記録すること。安全な年間投球量は投手によって異なるが、ケガは短期、長期いずれの酷使でも起ることを忘れないこと

論2

台湾と韓国の球数制限【豊川遼】

東アジアで野球が盛んな国は、日本の他に台湾と韓国がある。ともにプロ野球があり、アマチュア野球も盛んだ。両国の高校野球では「球数制限」はどのように論じられているのか、ライターの豊川遼が現地に赴き、レポートした。

台湾の「球数制限」

力をつけているチャイニーズタイペイ

昨年9月、宮崎で開催されたU18アジア選手権で日本は3位に終わった。2016年に行われた前回大会で日本は全勝優勝を飾ったが、今大会では地方大会から甲子園決勝まで計1517球投げてきた吉田輝星投手（現日本ハム）が打ち込まれる場面もあった。その吉田を打ち込み、勝利したチームの1つがチャイニーズタイペイ。近年はなかなか日本に勝てずにいたが、投手が育ってきたこともあり、着実に力をつけている。近年、日本で話題になっている「球数制限」をどのように行っているのだろうか。

その実態を知るため桃園市平鎮高校の練習場を訪れた。平鎮高校は台湾の高校野球界でもトップクラスの実力をもち、全国大会ではベスト4の常連校。多くの代表選手やプロ野球選手を輩出していることでも有名だ。同校の投手コーチを務めている羅建銘氏に台湾の球数制限について話を聞いた。羅コーチは台湾プロ野球の投手として中信ホエールズに4年間在籍し、引退後はアマチュア野球の指導者に転身。中学校での指導者を経て2015年から同校の指導にあたっている。投手の育成や練習に関することはすべて一任されている。

羅コーチは球数制限の始まりについて「台湾では十数年前から球数制限の考えが始まりました。2006年から始まったWBCで球数制限がありますが、この国際大会を参考にしています」と語っている。そのおかげもありこれまで球界を揺るがすような大問題は起こっていないと明かす。

ここで注意したいのは、出場する大会のルールに従うのは前提として、アメリカにある「ピッチスマート」のような全選手が必ず守るべき決まりは台湾に存在しないということだ。

球数制限はコーチが決める

そのため、チーム内で投手の球数制限はコーチが決めることになる。ちなみに平鎮高校では1人の投手は1日、105球まで投球が認められており、もし、105球を投げたならば4日間の投

平鎮高校 羅建銘投手コーチ

球禁止が義務づけられる。また、1日50球以内なら連投が可能となるが、50球以上からは1日休むことになっている。これは羅コーチがつくった投手育成カリキュラムに準じたものとなる。投球禁止期間は選手のウエイトトレーニングをサポートしているという。これらの決まり事は、たとえ投手の中に優秀な選手がいたとしても平等な練習メニューとなっている。

では、普段の試合ではどのような球数制限があるのか。台湾にも金属バットを使用した大会があるが、日本と大きく違う点として、木製バットを使用した大会もあることだ。2019年1月から3月まで行われていた同大会で平鎮高校は出場41校の中で頂点に立った。このリーグでは投球制限についても大会ルールとして細かく決められており、1試合で投手は最大120球まで投げることが可能。ただし、120球に達すると強制的に交代となり、次の2試合には出場できない規定となっている。また、100球を超えた時点で次戦には出場できない。このルールを受けて平鎮高校では投手を多めに登録メンバーに入れておき、ベスト8、もしくはベスト4まではエースを投げさせないという。その代わり、1試合で最大3人の投手を使い、継投で勝ち上がっていく。この投手起用について羅コーチは「1人の投手だけで勝ち上がっていくことは不可能です」と語る。こうして普段の練習から試合中まで細かく球数制限を行っている平鎮高校。これは選手がプレーする目標にも関係している。「日本の高校野球には甲子園という絶対的な目標があります。台湾にも『黒豹旗』という『台湾の甲子園』と呼ばれる全国大会もできましたが、これに出場することではなく、国の代表やメジャーリーグにいくことを目標にしている選手が多いです」と話す。

日本投手の投げすぎに懸念

プロ野球を経験し、指導者となった羅コーチ。現役当時と現在では投球に対する考え方も変わってきたと話す。「現役当時は自分がチームの中心になって投げ続けることがよいと考えていました。しかし、コーチになった今では日本のように1人の投手がひたすら投げ続けるという様子は、とても心配になります」と日本の投手の投げすぎ問題について気にしている様子だった。日本の高校野球については甲子園があれば中継を見て情報を収集し、時には選手にプレー動画を見せて新たな練習方法などを話し合うという。最近は大船渡高校の佐々木朗希投手の話題でもちきりで、最速163キロの直球を生み出す投球フォームについて話している。既に十数年前から球数制限を導入している台湾で指導する羅コーチ自身も佐々木の動向は気になる様子。「(佐々木は)ポテンシャルがある投手です。球数のことはもちろんのこと、彼をケガから守ることは大事ですが、守りすぎてもダメだと思います。もし、私が彼を指導するなら、チームの状況によってその日の試合で投げさせるか決めます。そして、投げさせた後、どれほど休ませるかを決めますが、ここはコーチの力量の問題です」と強調する。羅コーチは投げた後に登板間隔を空けることで必ず選手をケガから守ることができると断言する。

球数制限は指導力が試される機会

最後に羅コーチは日本で議論されている球数制限についてアドバイスを送った。「いきなり全国大会から（球数制限を）取り入れることは難しいと思いますが、まずは1日の練習から導入するのがよいと思います。そして地方大会、最後に全国大会と順番に行っていけば形になると思います」と話す。大会内で導入する場合は、それぞれの地方大会で独自にルールを決めることを勧めていた。そのため、以前に新潟高野連が提唱した球数制限については太鼓判を押している。台湾では「球数制限は指導力が試される機会」という考えが浸透していると言ってもよいだろう。チームとして勝利を目指すことも大切だが、投手が投げすぎによって負傷しないように日頃の練習から投球後のケアまでくまなく選手の様子をみている。こうしてWBCで決められた投球制限をきっかけに、台湾の指導者は高校野球という1つのステージで選手を完全燃焼させず、選手自身が目指す国家代表やメジャー入りをアシストする役割を担っている。すべては指導者の実績づくりではなく、選手の将来のために。

〈取材協力〉平鎮高校　羅建銘投手コーチ　藍文成　監督　取材セッティング　雷明正

韓国の「球数制限」

全国で80校しかない高校野球チーム

日本のライバル国と言ってもよい隣国の韓国。WBCや五輪など数々の国際大会で何度も熱戦を繰り広げてきた。韓国の選手といえば李大浩内野手（元ソフトバンクなど）をはじめとする野手の活躍が連想されるが、投手も球速150キロ超えの選手が増えており、着実にレベルが上がっている。韓国の高校野球に目を向けてみると、日本同様に球数制限について議論が行われている。既に具体的な球数制限は実施されているが、すべての指導者や選手、関係者に実施の意図を理解してもらうにはまだまだ時間が必要だ。なぜなら、単に選手をケガから守るためではなく、野球で結果を残すことは韓国国内特有の「戦争」で生き残るためでもあるからだ。

野球人口が減少しているとはいえ、日本には全国で約4000校に野球部があり、甲子園を目指して選手たちが汗を流している、その一方で、韓国の高校野球部はまだまだ少なく、大韓野球ソフトボール協会（KBSA）によれば2019年春現在で全国80校。以前は曜日を問わず大会が開催されていたが、2011年からは週末にリーグ戦が行われるようになり、選手は学業に集中できるようになった。4月から6月上旬までの期間中は各地区でリーグ戦を行い、夏からはトーナメント制の全国大会が続く。そんな中で球数制限についても議論が続いている。

投球過多が「国家人権委員会」に訴えられる

韓国国内で球数制限を考える機会となったのは2007年のこと。当時、高校野球の大会では選手生命を脅かすほどの投球過多が問題となっており、これが国の機関である「国家人権委員会」に訴えたことが始まりだ。この機関は司法・立法・行政のいずれにも属せず、独立しており、個人的人権を守り、人間としての尊厳と価値を高めることを目的に活動している。同委員会に「選手たちの無理な投球は身体を傷つけ、人権を侵害することになる」と訴えられたことで、投手の投げすぎ問題が注目されるようになった。

こうして始まった韓国での球数制限は当初、1日最大の投球数が130球と定められた。その後も球数と登板間隔については何度も意見交換が行われ、2018年からは最大投球数を105球に引き下げた。同時にその日に投げた球数によって登板間隔を空けることも話し合われており、最新のルールによると46球から60球まで中1日、61球から75球まで中2日、76球から90球まで中3日、そして91球以降は中4日と細かく定められた。ちなみに1日に45球以内の投球数であれば連投が可能になるという。今までの投球制限では1日に30球以上を投げた時点で1日休む必要があったため、現場では厳しい投手起用を強いられていた。この決定を受けて「選手の負担が軽減されたことはよいこと」や「選手を保護するという観点で投球制限を緩和したことはよかった」という賛成意見が相次いでいる。

高校エースの投球数が問題に

新しい投球制限の内容が決まり、現在は試行錯誤の段階。しかし、この投球制限導入前に2017年秋の全国大会では決勝戦に進出したジュンアム高校のエース、キム・ジェジュン投手の投球数が問題となった。同高校は準優勝に終わったが、優勝校よりも彼の投げ過ぎがメディアに大きく取り上げられたという。現地メディア『エムブルニュース』の記事によれば、キムは全7試合中、6試合に登板（先発4／リリーフ2）し、5日で計437球を投げたという。決勝戦ではリリーフとして7回2／3を投げて無失点と好投したが、チームは敗れた。試合後、同校の監督は「医者の意向を聞いて登板させた。投手は多くのボールを投げることで強くなると思っている。これが私の考えだし、周囲から何を言われようとも関係ない」と発言している。その一方で優勝した高校の監督は「この大会では投手を酷使させないことを目標としていた。準決勝ではエースを登板させずに勝つことができた。確かに負ければ優勝できないが、それよりも選手たちによい思い出をつくって欲しかった。だから最初から決勝戦でエースを投げさせようと決めていた」と話している。両校の監督の考えは明らかに違っていた。韓国国内において投手に多く投げさせる理由には指導者の評価と選手の大学入試に関係がある。優勝した監督も「無理のない投球制限をするには大学入試制度の改善が何よりも重要だ」と答えていた。

「野球と大学入試」をどう解決するか

韓国国内でなぜ、野球と大学入試が関係しているのか。ソウル大学など一部の大学にスポーツ推薦合格に必要な野球の実績項目があり、投手は「一定のイニング数を投げる」という内容がある。各大学が定めているイニング数と併せ、高校の実績が考慮された上で当落が決定する。以前、日本メディアでも韓国での大学入試当日の様子が報道され、警察が受験生を試験会場に送り届けるなどの様子が映し出された。上位の大学に入学できるかどうかで、選手生命はもちろん、人生が決まると言ってもよいだろう。まさに大学入試は「戦争」と言えるだろう。このように少しでも大学入試に有利になるように投手は実績をつくることはもちろんのこと、長いイニングを投げなければならない。しかし、ＫＢＳＡが導入した新しい球数制限と休息日に従ってしまうと推薦を受けることが厳しくなる。そのため、ＫＢＳＡの元に２７００人分の懇願書が届いたという。

　この懇願書を受けてＫＢＳＡは「親の言いたいこともわかるが、多くの選手はプロ入りを目指している。もしプロ入りできず、大学入試に挑戦するとしても、大学側が定める基準と野球大会のルールに相違がある状態が続くのならば不安に思うのは当然だ。今後は選手の将来を保証する制度が必要になるだろう」とコメントしている。ＫＢＳＡが２０１９年1月に行った投球制限に関する会議において、この大学入試制度の問題に触れており「首都圏と地方では大学合格率の格差が非常に大きい。ただ、野球のリーグ戦と全国大会の仕組みを変えるだけではなく、行政的な補完制度についても話し合っていくべきだ」という意見があったという。

韓国の高校野球

　以上のように韓国のほうが球数制限の議論は日本より進んでいると言える。しかし「戦争」ともいえる大学入試の存在もあって、必要以上に選手達は無理をしてしまう可能性もある。今後の課題はＫＢＳＡが導入した球数制限の内容と大学が定める評価基準を合致させることだ。現場の指導者も球数制限の中でどのように選手をケガから守り、サポートしていくのかを考える必要がある。「野球と大学入試」――この2つのキーワードが上手く組み合わさった時、韓国の高校野球はさらなる飛躍を遂げることになる。

〈取材協力〉キム・チョル（김철）

論3

阪長友仁 ドミニカ共和国と、日本の野球では「フォーカスしているもの」が違っている

阪長友仁は、大阪府生まれ。新潟明訓高校野球部に進み、甲子園に出場、本塁打も記録している。立教大学硬式野球部では主将も務める。その後、一般企業勤務を経て、世界の野球の現場をつぶさに見て、学び、指導者としての見聞を広める。現在は堺ビッグボーイズのコーチとして野球少年を指導。特にドミニカ共和国の野球指導の優秀さを日本に紹介している。「野球離れ」が進む中、海外での経験に裏打ちされたユニークな指導法で注目されている。ドミニカ共和国の野球と「球数制限」について聞いた。

ドミニカ共和国では「球数制限」はそもそも必要ない

ドミニカ共和国には「球数制限」のルールはありません。そもそも必要ないんです。

指導者の間に「子供たちの未来を考える」あるべき姿が確立されていますから。

堺ビッグボーイズコーチ　阪長友仁

ドミニカ共和国の少年野球

指導者の評価は、目の前の勝敗ではありません。将来、子供が活躍したほうが指導者の評価は高まります。

そういう価値観が確立している中で、子供に１００球、１５０球投げさせたとなれば、仮にその時ケガをしなくても、この指導者は危ないな、ということになる。だから、自ずとそういうことはしなくなります。

もちろん、指導者は球数をカウントしています。日本でいう高校生の年代は、ＭＬＢ傘下のアカデミーとマイナー契約をしています。このカテゴリーで試合や練習のデータを取っています。

メジャー球団は、傘下の投手が何イニング投げて何球投げたかのデータを把握しています。そのデータで、１００球以上投げさせたとなれば、指導者は確実にその理由を聞かれるでしょう。「勝ちたくて」「その試合を落とせなくて」となったら、その指導者は指導力を疑われます。

いろんなメジャー球団で話を聞くと、試合では日本の17、18歳でおよそ80球くらいが目安になっているようです。85球でもケガをする子が増えることはないでしょうが、80球で十分という考え方です。

ドミニカ共和国は3カ月のリーグ戦で、週6試合、計72試合をします。ローテーションで何回も登板機会が回ってくるので、十分に経験を積むことができます。

ゲーム開始は午前10時です。13時に終われば簡単なミーティングの後、食事をして、あとはアカデミーに来る先生や住み込みの先生から勉強や教養を教わります。アメリカで野球をするときのために、英語の勉強もします。個別のトレーニングをする子もいます。個々の子供たちの育成プランを球団が考えて、それに従って指導者は指導をしているわけです。無理や無茶が入ってくる余地がないんですね。

「たくさん投げさせる」という言葉が辞書にない

その下の年代のドミニカ共和国の子供たちは、メジャー傘下のアカデミーに行くことを目標にしています。そうした15、16歳の子供たちのレベルでも、全国大会はありません。スキルアップのために地元中心のリーグ戦を行っています。

もちろん、勝利を目指してはいますが、指導者も選手も「次のステップ」を目指しています。MLB球団とマイナー契約を結んでもらうことが目標になっているのです。

だから試合に勝っても90球投げた、100球投げた、挙げ句にケガをした、疲労したでは、トライアウトでベストパフォーマンスができないので意味がありません。そういう認識は、みんな持っています。

中学レベルでも球数をカウントする人もいますが、そうでない人もいます。でも、一般的に先発して5回を投げればごく当たり前に交代させます。そもそも、ドミニカ共和国では、中学生くらいで100球を超えて投げるという発想がありません。ドミニカ共和国には「子供に、たくさん投げさせる」という言葉が辞書にないんですね。

ドミニカ共和国の教育水準はそれほど高くはありません。学校の授業のレベルは日本のほうが上です。教育水準は間違いなく日本のほうが高いでしょう。

でも、何に「フォーカスするのか」が違うんです。

ドミニカ共和国では「将来」にフォーカスしている。でも、今の日本は「今」にフォーカスしてしまう。

何に「フォーカスするのか」が違う

これは野球だけではありません。例えば、日本では「勉強しなさい」というのはテストでいい点を取るため、いい大学に入るため、です。それが行き過ぎて、子供のうちにいろんな遊びを経験するとか、いろんな人の話を聞くとかいうことができずに、コミュニケーション能力が育たないというケースも耳にします。勉強は頑張ったけど、社会に通用するのかな、という子供を作ってしまいます。

本来、教育とは「将来豊かに生きていくために、今、こういう勉強や経験をすべきじゃないか。100点取らなくてもいいけど、知っておくほうがいいね」ということを学ぶことではないかと思います。日本では、本来「手段」であるべき「教育」を「いい点を取る」という「目的」にしてしまうことで、本質を見失ってしまう恐れがあると思います。

勝利より大事なのは「過程」

野球で言えば、みんなプロ野球選手になれるわけではありません。みんな野球で生きていくわけでもありません。でも、野球を始めたからには少しでもうまくなりたい、長く現役を続けたいと思っている。そして野球をしたことを人生に役立てたいと思っている。

今の高校以下の野球が、そういう目的に合っているかどうかですね。

ドミニカ共和国からは、日本よりもはるかに多くのメジャーリーガーが生まれています。だから、子供のころからメジャーを目指すのは当たり前だと思うかもしれません。

でも、決してそうではありません。メジャーリーガーになれるのはドミニカ共和国でもほんの一握りです。

でもドミニカ共和国では子供も指導者も「メジャーになんかほとんど行けないのだから、俺らはここで燃え尽きてもいい」とは思っていません。そもそも「燃え尽きたい」と思えるような大きな大会がありません。甲子園みたいな大会はありませんし、仮に燃え尽きても誰も評価してくれません。

大人たちも子供たちに何をさせるべきかを、フォーカスを「将来」に向けて考えています。それはメジャーリーガーになれなくても、子供の将来にプラスになるはずです。

ＭＬＢのアカデミーの中には１球団で２チーム持っているものもあります。ドミニカ共和国のアカデミーには36から40チームあって、基本的にリーグ戦をしています。

最後に短期間の決勝トーナメントがあって、ナンバーワンを決めますが、優勝したからと言って、みんなメジャーに行けるわけではありません。負けたからと言って、行けないわけでもありません。チーム全体で勝利を目指すなかでどうプレーするかは大事なテーマではありますが、勝利より大事なのは「過程」です。それは指導者も選手もわかっていることです。

「待球作戦」はありえない

「待球作戦」は、投手だけでなく打者を育てる立場からも考えられません。17、18歳の、少しでも可能性を拡げたいと思う選手に、「待て」とか「消極的にいけ」とかいうのは、彼らのチャンスを奪うことになります。ドミニカ共和国の感覚で言えば、そういう作戦ができるようになったとしてMLB選手になれる可能性は増えるのか、という話になります。

この年代は、とにかくストライクゾーンに来た球は積極的に振っていく、凡打になったとしても経験をつんでいく。それしかないはずです。しっかり打ちに行くから選球眼もつきます。「待球作戦」で勝っても選手の育成のためにはなりません。

野球選手の将来を最大限に考えるならこんな作戦はあり得ないでしょう。

「トーナメント制」の問題に行き着く

ただ日本の高校野球の現状の責任を、指導者にすべて押し付けるのはどうかとは思います。そんなやり方でも、勝てばマスコミが騒ぐし、学校での評価も全然違ってきます。

「甲子園ってすごいね」という評価がちりばめられるのでそうせざるを得なくなる。なんであんなに投げさせるのか、それは「勝つ」ことが大きな意味を占めるから。「勝たないと次がない」から。だから「勝つことがいいことだ」となる。子供たちの未来よりもそっちを優先することになる。

それを考えると、勝たないと次がなくなる「トーナメント制」の問題に行き着くと思います。それは指導者にとっても酷な話です。

「勝利至上主義」はよくないといいますが、「トーナメント制」というシステムが勝利至上主義を生んでいるという現実はあると思います。

最近は、「子供の未来を守ろう」という声も出てきていますが、システムを変えないと周囲の意識も変わらないのではないでしょうか。

メジャーリーガーより高校生の球数が多くていいはずがない

「球数制限」をするうえで、何球を上限にするのか、は難しい話です。100球の根拠は出せないと思います。

ただ、体が出来上がったメジャーリーガーでも中4日100球で降板しているのに、17、18歳の子供が、中4日より短い間隔で100球をはるかに超す球数を投げていいはずがない。

そこから換算しても中5日、80球くらいの数字でコントロールしていけば、ケガ人が減るという結論になると思います。

こんな道理を優秀な日本人が分からないはずはないと思います。

ごくまれに何球投げても怪我をしない人もいるかもしれませんが、それは何百人、何千人に一人です。それを基準にすることはできません。

金属バットをやめるという選択肢も

どうしても「球数制限」の導入を決められないのであれば、次善の策があります。

それは高校野球の金属バットの使用をやめて、木製バットに戻すことです。それをするだけで投手はかなり救えます。

「球数制限」の目的は投手の肩肘を守ることです。木製バットや木製同様の低反発金属バットを使えば、球数は自然と減ります。打者の攻め方も変わり、ロースコアになります。人数が少ないチームでももう少し有利に戦えるようになります。

さらに言えば、海外では内野の中も天然芝にするのが一般的です。そうすれば打球の勢いが死にます。こうして考えると、日本は極端に打者が有利な状況で野球をしていることが分かります。しかも投手は炎天下のマウンドに立っています。それを少しでもイーブンな状態に戻すことが必要なのです。

ドミニカ共和国の野球では「子供の将来のため」という考え方が、貫かれています。日本の野球もその方向で理念を変えていく必要があるのではないでしょうか。

ドミニカ共和国の野球少年の肘の状態

２０１８年、群馬県の慶友整形外科病院スポーツ医学センター長の古島弘三は阪長友仁の案内で、ドミニカ共和国の少年野球を視察し、子供たちの検診を行った。

「ドミニカ共和国の野球少年の肘、肩の状態を検査しようと思っていたんです。１４２人の子供を検査しました。日本では2～8％の割合で見つかる外側障害である離断性骨軟骨炎（ＯＣＤ）はゼロ％、日本の学童では半数以上が経験している肘内側痛の既往は15％にみられただけです。本当に驚きました。しかも子どもの頃にまったく酷使をしていないから、成長期で負担がかからず、大人になって身長も大きく伸びるんですね。現地の指導の様子にも感銘を受けましたが、子供たちは健康の面でも本当に守られているな、と実感しました」

子どもの権利とスポーツの原則 (Children's Rights in Sport Principles)

2018年11月20日、ユニセフ（国連児童基金）と公益財団法人 日本ユニセフ協会が発表した『子どもの権利とスポーツの原則』(Children's Rights in Sport Principles)

スポーツ団体とスポーツに関わる教育機関、スポーツ指導者に期待されること

1. 子どもの権利の尊重と推進にコミットする
2. スポーツを通じた子どものバランスのとれた成長に配慮する
3. 子どもをスポーツに関係したリスクから保護する
4. 子どもの健康を守る
5. 子どもの権利を守るためのガバナンス体制を整備する
6. 子どもに関わるおとなの理解とエンゲージメント（対話）を促進する

スポーツ団体等を支援する企業・組織に期待されること

7. スポーツ団体等への支援の意思決定において、子どもの権利を組み込む
8. 支援先のスポーツ団体等に対して働きかけを行う

成人アスリートに期待されること

9. 関係者への働きかけと対話を行う子どもの保護者に期待されること
10. スポーツを通じた子どもの健全な成長をサポートする

6章

「球数制限」の議論は「始球式」に過ぎない

最後に、3人の有識者の意見を紹介する。「球数制限」に対しては、様々な見方はあるだろうが、結局、ここまで看過してきた問題の解決に着手するのは、いつなのか、が問われている。「甲子園の伝統を守れ」という根強い意見もあるが、守るべきは「甲子園の伝統」なのか、それとも「球児の未来」なのか。

優先順位をつけるとすれば、どうなるのかをはっきりさせていただきたいと思う。

「球数制限」議論の核心とは？

「有識者会議」への評価と疑問

日本高野連は「投手の障害予防に関する有識者会議」の議事録を公表している。

第2回目までの議事録では、医師から具体的なデータも出され、指導者からも最近の高校野球の練習環境や、投手起用などについての報告が上がっている。予想以上に実質的な議論が行われているという評価もある。現状の日本野球に危機感を抱く関係者の中にも、ここまでの議論を評価する声も聞こえてくる。

しかし、結論は「ミニマムの改革」になりそうな気配である。

新聞によると「球数制限」は、甲子園の大会期間の総投球数に規制をかける方向で収れんされつつあるといわれている。さらに、総量での球数制限は終盤戦だけに限定されるとの報道もある。

夏の甲子園に出場するのは48校。全国の加盟校の1・2%に過ぎない。ベンチ入りできる選手数で言えば864人、全国の硬式野球部員の0・6%に過ぎない。準々決勝以降だとさらに減って学校数は全体の0・4%、選手数は0・2%である。「球数制限」は、高校野球全体の話であるはずだが、このままいけば、ほんの一握りのエリート選手だけが関係するだけだ。地方大会にまで規制を下ろさなければ、実効性は全くないだろう。

関係者の中には「有力校は複数の投手をそろえることができるが、公立校などはできないから不公平になる」と主張する人がいる。「弱小校は複数の投手が揃えられない」と言うが、なぜか？野球のマウンドには常時1人しか立つことができない。選手が9人でも、複数の投手を用意することはできる。野手に掛け持ちで投球練習させればいいだけだ。

どんな下手くそな野球選手でも、練習すれば捕手のミットに球は届くようになる。そのレベルでもマウンドに立たせることは可能だし、場合によってはそこからいい素材が見つかることがあるのだ。「高校野球はエース級が投げて勝つもの」という先入観念があるから、「弱小校は投手が揃えられない」となるのだ。

せんじ詰めれば、この議論は「今後も吉田輝星のような投手を出すのか、否か」という問題に行き着く。これを肯定するのか、否定するのかによって、今後の議論は大きく変わる。

指導者の意識が変わらないから改革が必要だ

有識者会議では、「最近の高校野球はそんなに投手を酷使していない。昔に比べれば球数は減っている」という現場の報告も出ているが、本書で氏原英明が指摘しているように、それは指導者が心を改め、選手の健康面を第一に考え始めたからではない。「一人の投手では勝てなくなったから」だ。残念ながら、今の指導者の多くは勝利が必要な局面では、いつでも投手に無理をさせる。特に、投手が一人しかいないチームでは、多くの指導者は故障のリスクがあっても投手に投げさせるだろう。たまたま球数が減っていたとしても、指導者の意識が変わっていないから、投手を酷使するリスクは常に存在するのだ。これまで投手が故障することを自分の責任だと思ってこなかった指導者の意識を改めるのが難しいから「球数制限」は必要なのだ。

関連して金属バットの問題がある。本書でも一部指摘があるが、飛びすぎる金属バットは日本の高校野球以外ではほとんど使用されていない。選手の将来を考えてもメリットはほとんどない。しかし、日本高野連はこれも改める気配はない。日本の高校野球でしか通用しない飛びすぎる金属バットを使用し続ける正当な理由はあるのだろうか？

有識者会議では、試合日程も議論されている。こちらの方が重要という声もある。しかし興行としては日程を組みなおすのは難しいようだ。

金属バットにしても、試合日程にしても「子供の将来」よりも「大人の事情」が優先するのが、今の高校野球の残念なところだ。

パラダイムシフトの第一歩であるべき

本書の取材で明らかにしたように、今や世界の主要な学生野球で「球数制限」を導入していないのは日本の高校野球だけである。「甲子園」があるために、ここまで歪んでしまったことを深刻に受け止めるべきだと思う。

「投手の障害予防に関する有識者会議」がどのような結論を出すにしても、それは一つの「進歩」ではある。野球関係者は一定の評価をするだろう。

しかし、これで終わってしまっては、日本高野連は世間の批判をかわしただけ、と言われても仕方がない。今回の議論は、高校野球、日本野球のパラダイムシフトの第一歩でなければならない。

広範な議論によって「野球の未来」を拓くための「始球式」であってこそ、今回の「球数制限論」は実りがあったといえるのだ。

この章では、スポーツという大きな枠組みで「球数制限」に関する識者の提言を紹介する。

論1

桑田真澄「『球数制限』導入まで何年もかかるのはおかしい。実行あるのみ」

ＰＬ学園時代、甲子園で最多勝記録（20勝）を打ち立て、巨人で173勝、ＭＬＢでも活躍した桑田真澄（現東京大学大学院総合文化研究科研究生）は、「球数制限」の導入を強く主張する。

アメリカでは、「球数制限」は、プロからアマチュア野球、少年野球までもが導入しています。医師や専門家が、何十年もの間、データを取って野球選手の肩、肘を守るためには「球数制限」を導入するしかないという結論に達しています。そして、メジャーリーグと医師たちがデータに基づいた「ピッチスマート」というガイドラインを作成して、小学生、中学生、高校生と年齢別に何球投げたら何日空けるなどのルールを決めています。

桑田真澄

野球選手のケガと故障は違います。ケガは選手同士がぶつかったりボールが当たったりして起こります。これは事前に防ぎようがありませんが、故障は投手の場合、多くは投げすぎで起こります。これは「球数制限」をすることで、防ぐことができるのです。すでにこういう結論が出ているんです。日本の高校野球が「球数制限」を導入しない理由がわかりません。

過酷な登板が続けば、投手は必ず壊れます。誰よりも甲子園で投げた僕が言うんですから、絶対に壊れます。それを防ぐためにも「球数制限」は必要です。

「球数制限」は、選手だけでなく、指導者も守ります。「球数制限」がなければ、監督は、たとえエースが疲れているから降板させたいと思っても、「なぜ、エースを降ろしたんだ」という周囲の声を気にして、なかなか降板させることができません。でも「球数制限」のルールがあれば、「規則だから」ということで、降ろすことができます。指導者も悩まなくて済みます。

「球数制限」を導入すれば、複数の投手を擁する有力校に比べて、投手が1人しかいない普通の学校が不利になるといいますが、「球数制限」があれば有力校のエースでも球数がきたら降板させなくてはいけなくなる。一般的に2番手はエースよりも力が落ちるわけですから、普通の学校の打者にも攻略できるチャンスが増えます。むしろ戦力格差は縮まる可能性があると思います。

「球数制限」によって、複数の投手を使わなければいけないことになれば、エース以外の投手にも登板のチャンスが生まれます。そんな埋もれていた素材の中から、好投手が誕生する可能性もあるでしょう。僕は10年前からずっと言っていますが、子どもたちを守るためには「球数制限」しかないと思います。「球数制限」の議論をするのは結構ですが、導入するまでに何年もかかるのはおかしいと思います。今は実行あるのみです。一刻も早く「球数制限」を導入してほしいと思います。

論2

中村聡宏「今の野球に『スポーツマンシップ』があると言えるのか」

一般社団法人日本スポーツマンシップ協会代表理事・会長の中村聡宏は、スポーツマンシップの普及・推進を通してより良い人材を育み、より良い社会づくりに貢献することを目指し、多様な活動を行っている。また千葉商科大学サービス創造学部では教鞭《きょうべん》をとっている。スポーツマンシップの観点から「球数制限」について聞いた。

高校野球は、スポーツマンシップを学ぶ場になりうる

高校野球は、本来、スポーツマンシップを学ぶすごくいい場ではないかと思います。トーナメント型のスポーツは、勝利至上主義に陥りがちですが、一方で、1校以外はすべて負けて終わるというシステムは、負けを受け入れることについて考える良い機会になるからです。

しかし実際はみんなが勝ちにこだわるシステムになっていて、スポーツを楽しむことや、勝敗

日本スポーツマンシップ協会会長　中村聡宏

の意味を考えるという教育的な目的は薄れがちです。

もし、そういう部分が重視されていれば、もっといいスポーツ大会になるはずです。

とにかく、全試合NHKで放送される高校スポーツのコンテンツは、他にありません。影響力は大きい、一方でハイスクールベースボールにあれだけ熱狂するなんてクレイジーだねという声を聞くのも事実です。

これだけ面白い、みんなが楽しめるコンテンツなんだから、みんながもっと楽しめるエンターテインメントとして成熟させようとか、ちゃんとビジネス化しながら野球の価値を高めるために還元していこうという話があってもいいはずですが、そういう動きもなかなか大きくなりません。関わる人たちが目の前の試合に「勝つ」ということに固執してしまっているように感じます。

確かにスポーツは勝利を目指すものではありますが、その過程で自分をどうコントロールするかが一番大事です。その部分まで理解が及べば本当にいいのにと思います。

議論が起こることが重要

2018年夏の甲子園では、金足農の吉田輝星投手が過酷な条件で登板しました。日本中が熱狂しましたが、手放しで喜んでいるわけにもいきません。「そういう悪辣《あくらつ》な状況でやっているからドラマチック」というのは大人の事情で、当然選手の健康面、安全を第一に考えるべきだからです。

もちろん、吉田投手は夏場の炎天下でも耐えられるようなトレーニングをしてきたのでしょう。

そして指導者は「それを経験したらどんな不条理にも耐えられる」と思っているのかもしれません。悪辣な環境に堪えうる人材を育成しているのかもしれませんが、「そんな風にしないと強い人って育てられないのか」とも思います。

ただ、彼の登板や、過去の事例がきっかけとなって「球数制限」の議論が起こっているのは、いいことです。

私は、スポーツマンシップの提言を各方面でしていますが、提言することによって議論が起こることが重要だと考えています。

スポーツマンシップは宗教ではないので、「これが最高で不可侵」と言いたいわけではありません。哲学的なものは、「何かを突き詰めれば背反する結果がでてくるようなもの」なので、そこをどう議論しながら折り合うポイントを探していくことに意義があります。

「球数制限」についても、ルール化すれば解決する問題ではないと僕自身は思っています。でも、そんな意見が出ることで議論が起こる。みんながフラットな立場で意見交換をすることに、すごく意義があると感じています。

「高校生を守りたい」という想いは、賛成派も反対派も同じはずです。

スポーツを楽しむのか、勝利を目指すのかという過程で、様々な考え方があります。

「球数制限」をすれば私立が有利になって公立が不利になるとか、球数よりも登板間隔を決めるべきだとか、高校生は投げたいのだから投げさせてやれ、とか、いろんな意見が出ると思いますが、十分に議論していろんな意見を取りまとめることが大事だと思います。

ルール化することそのものより、そういう議論が巻き起こることが大切ですね。

「燃え尽きる以外の選択肢がない」

「燃え尽きさせてやりたい」という議論について――。

選手が試合に出て健康障害を負ったとして、「ほら、燃え尽きることができてよかっただろ」と言えるのは、極言すれば本人も指導者も、親御さん、家族も含めて全員に納得感がある場合に限るのではないかと思います。相互に尊重しあって議論した末にそうなるのなら、いいかもしれません。

しかし、実際には「燃え尽きる以外の選択肢がない」のが現実ではないでしょうか？

本当に、燃え尽きた選手に納得感があるのかどうか。

2019年1月、プロスキーヤーの三浦雄一郎さんが、86歳でアコンカグア登頂を目指し、途中で断念してひきかえすという出来事がありました。

スポンサー事情など大人の事情もあったかもしれませんし、三浦さんには「ここで死ぬのが本望だ」という思いもあったかもしれませんが、引き返しました。その決断の背景には、家族や関係者の徹底した議論があったのではないかと推測します。

一番問題なのは、監督と選手が師弟関係、上下関係にあることです。

羽生結弦選手とコーチの関係は、対等に感じます。互いに尊重し合う、水平の信頼関係です。

しかし高校野球をはじめとするいわゆる体育会的リスペクトは、下から上への一方通行のベクトルであり、反対方向のリスペクトを感じることはなかなかありません。

師弟は上意下達の関係になっています。上から命令して下が言うことを聞くという関係になっている。これはハラスメントを生みやすい体質とも言えます。

上下の関係しかない中では「忖度《そんたく》」が起こりやすい。たとえば、

「お前燃え尽きたいだろ」「はい」

という忖度です。選手は指導者の顔色を窺《うかが》い、やらせたいことを察知する「忖度能力」を磨いていることが多いと思います。

根深いのは、こうした指導の在り方が何世代も続いてきたことです。自分もそういう指導で育ってきたから、生徒もそういう風に指導する。その繰り返しです。

どこかで目を覚まさないと終わりません。

でも、内発的に変わるのは難しい。みんな自分がかわいいし、自己防衛するからです。

「球数制限」の問題は、野球というスポーツがこれまで培ってきた体質と深い関係があります。

理想論で言えば、医学的な見地から見たガイドラインのようなものを設定して「これが望ましい」ということにすればいいのではないかと思います。

それでも選手それぞれの個体差もあるでしょうから、守る、守らないは個別の判断に任せる。

でも、あまりにもガイドラインを逸脱していれば、「お前そんなにしてまで勝ちたいか」と世論の批判にさらされることになるでしょう。

ルールで縛ると「待球作戦」のような、ルールの抜け道を探る戦法が出てくるリスクもありま

す。それよりも、ガイドラインについて議論したり啓もうしたりする中で、指導者はその目的を理解すべきだと思います。

選手は、スポーツマンシップを理解している

２０１８年の高校野球では、素晴らしいシーンも見られました。

この年はサッカーのワールドカップイヤーで「大迫ハンパないって」という言葉が流行しましたが、夏の甲子園の準々決勝で金足農と近江が対戦した試合では、負けた近江のナインが甲子園の土を袋に入れながら「吉田ハンパないって」と言っていました。ナインは「こういう時に使うんだな」と言っていましたが、敗者が勝者を讃《たた》える素晴らしい姿勢でした。

この試合は劇的なサヨナラツーランスクイズで幕を閉じましたが、近江の2年生、有馬諒捕手がうずくまっていると、金足農の主将の佐々木大夢選手が、彼を抱き起して「戦ってくれてありがとう。また来年帰って来いよ」と声をかけたそうです。そして、吉田輝星投手は、近江の選手にウィニングボールを渡しました。それは近江高校の監督が誕生日だったことを知っていて、プレゼントしたのだといいます。

スポーツマンはグッドフェローのこと。英訳すれば「良き仲間」です。あの日の甲子園には、グッドウィナーとグッドルーザーがいた。彼らは同じ高校野球を楽しむスポーツマンだったのですね。そういう共通了解を持ったうえでグラウンドに立っていれば、フェアじゃないプレーはできないでしょう。高校野球の選手は、スポーツマンシップを理解しているといえる。問題は指導

者のほうかもしれません。

スポーツマンシップに則って議論をしよう

肌感覚として、日本ではスポーツマンシップは全く理解されていないと思います。それは教えてもらうことがないからかもしれません。

日本で意識が高いのは、JOC傘下の競技団体で、ジュニア時代から強化が行われていて、かつそのジュニアが世界の舞台で戦っているようなスポーツです。こういう競技では小さいころからスポーツマンシップを身につけておかないと、国際的に通用しないという認識があるようです。たとえば、卓球では、ホープと呼ばれる小学生の世代からナショナルチームが組まれていて、ナショナルトレーニングセンターで行われる合宿の中で、スポーツマンシップを学ばせたいと声がかかることがあります。でも、日本の多くのスポーツでは、まだまだスポーツマンシップが浸透しているとはいえないように感じています。

そんな中では、僕は野球がスポーツマンシップを浸透させやすい環境なのではないかと思っています。というのも、指導者のライセンス資格制度がしっかり構築されているような競技では、改めてスポーツマンシップを導入しようとしても難しい面があります。既存の理念やコンセプトとぶつかるケースがあるかもしれませんし、今までスポーツマンシップに反する考え方を持っていたからと言って、今さら自己否定できないという部分もあるかもしれません。またスポーツマンシップを完全に理解していなくても、「そんなの知ってるよ」と斜に構えるような人が出てきたりします。

でも、野球の指導者ライセンス制度の構築はこれからですから、スポーツマンシップの重要性を再確認し、指導の中に基本的要素として入れ込んでいける可能性はあると思います。

「野球離れ」が危機的状況と耳にしますが、それでもこれだけの競技人口を抱えていてメディアからの注目度も高く、露出も多い。1度だけの復活とは言え東京オリンピックでは正式種目になりました。

「スポーツマンシップについて一から学びなおす第一人者は野球である」というように、日本におけるスポーツマンシップ普及の旗振り役としても期待できると思っています。化学変化が起こるかもしれません。そのためにも、「球数制限」の議論がスポーツマンシップの議論になればいいのではないでしょうか。

スポーツの歴史を学び、ルールの意義を学ぶ。自分たちの大好きなスポーツだから議論をする。正解は出ないから、丁寧に意見を交換する。

指導者の仕事は、高校野球で勝つことではない。勝たせることじゃなくて、野球というツールを使ってみんなの未来を作ること。教え育てるのではなく、指導を通じて共に育つ「共育」をしていくことが仕事。指導者は、目先の勝ち負けという結果ではなく「あの監督に教わっていたからいい大人に育った」という成果で評価されるべきだと感じています。

そういう視点も持ちながら議論を深めていただければ、と願っています。

論3

鈴木大地スポーツ庁長官「野球の未来のために球界全体で考えるべき」

昨年夏の甲子園に端を発した「酷使」の問題、「球数制限」議論について、スポーツ庁の鈴木大地長官は、折に触れて発言してきた。改めて「球数制限」「高校野球のあり方」について見解を聞いた。

若い人の体をそこで終わらせないようにするのが大事

昨年夏の酷暑の中で高校球児たちが長時間にわたってプレーしていたときには、事故や故障につながらなければいいが、と思っていました。

昨夏の大会は、ちょうど100回大会だと聞いています。メモリアルな大会で、これまでの歴史の中で大きな業績を残してこられたとは思いますが、時代も大きく変わっています。高校野球も新しい時代に対応して変わっていくべきだろうと思っています。

鈴木大地スポーツ庁長官

私たちは、スポーツは高校時代までやるものではなく、生涯にわたって親しんでもらうものだと考えています。

そういう観点からすると、小学校、中学校、高校時代に腕や肘など特定の部位を過度に使って、部活動が終わった時点で二度と高いパフォーマンスが発揮できなくなるような、過度のトレーニングや試合はよくないと思います。

部活動は故障やケガがないような形でやってほしいと思います。高校生の体を守るという観点からすれば、投球数だけでなく登板間隔をあけるとか、いろいろなアイデアもあるでしょう。

若い人の体をそこで終わらせないようにするのが大事で、その方法論はいろいろあっていい。アメリカのピッチスマートも参考になるでしょう。

可能性をそんなに低く見積もってほしくない

「甲子園で燃え尽きさせてやりたい」という声がありますが、人生100年時代です。十何歳で燃え尽きてほしくないですね。高校を卒業してからも、社会人、大学と競技を続けることができます。いろんな人生があるわけです。

「野球は高校まで」という区切りをつけたい人がいるかもしれませんが、特に肉体面でそこで区切りをつけてほしくないと思っています。「燃え尽きろ」は時代錯誤だと思います。

もしかすると「高校で燃え尽きたい」という気持ちは、メディアも含めて、社会がそういう空気を醸成してしまっている可能性もあると思います。

あるいは監督、コーチがそういう空気を作ってしまっているかもしれない。「お前らここでケガしてもいいだろ、やり抜け」というのは、高校野球指導者のエゴかもしれません。

指導者には、若い人たちの人生は、高校卒業後も続くということを認識して指導していただきたいし、高校生の皆さんも「まだまだ可能性は果てしなく、無限大に大きい」ことを知ってほしい。

大学に行ってからもっと活躍できるかもしれないし、社会人、プロでも活躍できるかもしれない。「もっと新しい魅力的な人生がこれからもある」ということですね。

全力を出すのは結構ですが、「それが最後だ」と思う必要はありません。皆さんの可能性をそんなに低く見積もってほしくないですね。

「生涯スポーツ」の考え方

私たちは、生涯スポーツについて「スポーツ・イン・ライフ」という言い方をしています。一人でも多くの方がスポーツに親しむ社会の実現を目的とし、生活の中に自然とスポーツが取り込まれている、そういうライフスタイルを送っていただきたい。

若いときだけスポーツをして、大人になったら金輪際スポーツはやらない、という社会ではなく、抑えめにしながらも生涯にわたってスポーツをする。その方が、人生幸せだと思いますし、社会、日本にとってもいい傾向だと思います。

勝利至上主義はやりすぎ

「球数制限」を導入すると、昨夏の金足農、吉田輝星投手のように公立校で一人で投げぬいて大活躍するようなシーンが見られなくなるという声がありますが、私は、昨年夏の甲子園の試合を見て、吉田選手は無理はしてなかったのかな?と心配になりました。

将来的にプロ野球やメジャーで活躍したいとなれば、もう少し抑えるべきだったのではないでしょうか。私が親御さんならばそう思うかもしれません。

スポーツだから「勝利主義」は大事ですが、「勝利至上主義」になるとやりすぎだと思います。どうなってもいいから「勝ってほしい」とはなってほしくないですね。

今年から桑田真澄さんにスポーツ庁の参与に就任していただきました。

桑田さんに、

「もし高校野球であれほど投げなくて済んだら、プロでももっと活躍できましたか?」

とお聞きしたら、

「間違いなくもっと活躍できたでしょう」

とのことでした。今後、この問題はよく考えるべきでしょう。

そして選手、父兄を含めて「どういう指導者が素晴らしい指導者なのか」を考えるべきだと思います。

桑田真澄さんは、高校時代から自分で練習法を調整したと聞きましたが、高校球児それぞれがスポーツ医科学の知識とか、外国のトレーニング法などの知識をよく研究すべきでしょう。

そのうえで、何が適切なのか、年齢に応じた適切な運動量はどのくらいなのか、その在り方について選手自身がよく知る必要があると思います。

部活そのものも改革すべき

日本の部活は指導者の働きすぎなど、いろいろな問題を抱えています。その点を懸念して、スポーツ庁では昨年3月に部活動のガイドラインを出しました。

顧問の先生方の労働環境の問題、そして若者にとってはオーバーユースによる燃え尽き症候群や、ケガ、故障の問題。改善すべきだと思います。

総合的に言えば、部活動の総量を制限して、その分、生涯にわたってスポーツをしてもらう。そういう改革を行っていきます。

もちろん、部活には、挨拶《あいさつ》、礼節がしっかりしているなどの良い面もあります。過度な上下関係はよくないですが、指導者や先輩を敬うのも良いことです。その部分は残していくべきでしょう。

ジュニア期に頑張りすぎる日本

我々がやってきた水泳では、まず技術を身に付けてもらって、中学では有酸素運動によって体中に血管を作るために泳ぎこみをする時期があります。

それぞれのスポーツの特性はありますが、概して日本のスポーツは子供の頃にやりすぎる傾向にあります。その結果として、確かにジュニア期には素晴らしい活躍をするのですが、あとから外国の選手が伸びてきて抜かれてしまうことがよくあります。小中学校時代にやりすぎて、バーンアウトをしたり、ケガをするのでは意味がありません。

そのためにも、指導者の質が大事ですね。基本的には、専門的な知識を持った方が教えるべきだと思っています。

先日、キューバに視察に行きました。キューバでも子供の体を守るのが大前提です。キューバでは、少年野球の指導者も体育大学やスポーツ系の大学でしっかりとした理論を学んでいます。また選手のモチベーションを高めるような勉強もしていました。

日本では「昔ちょっとやっていたので少年野球を教えています」という風な指導者が多いようです。そういう方の中には、昔の指導をそのまま、時代を超えて伝承してしまっていることもよくあります。昔スパルタで指導されたから、自分もそれでやっているという風な。

そういうクオリティがない人ではなく、しっかり勉強した人が指導してほしいと思います。

パリ大会で野球が採用されなかったのはなぜなのか？

高校野球も含めて野球は大好きなスポーツの一つです。残念ながら2024年のパリ大会では、野球は採用されませんでした。

それはなぜなのかを野球界全体で議論すべきだと思います。「野球離れ」も深刻です。

プロ野球から少年野球まで、日本にはいくつもの野球の団体があります。

どこで何を議論すればいいのか、わからないのが現状です。みんなが集まって「野球総会」のようなものを開くべきではないでしょうか。

日本高野連には、代替案はあるのか

私は、新潟県は「このままでは野球はまずい」という危機感があって「球数制限」の導入を決めたと聞いています。「チャレンジしてみよう」ということだったと思います。

「それを日本高野連はなぜ認めなかったのか」という疑問はありますね。

全体に諮ったら、そういう意見がマジョリティになることはないでしょう。

日本高野連には、それに対する代替案はあるのか？　あるとすれば、それは何なのか？

野球人口が減っている中で、どういう対策を打つのか？　その部分が見えません。

野球界はもっと危機感を持った方がいいと思います。

先日視察したキューバでも公園などで野球をするのを見なくなったと聞きました。サッカーの方がボール一つでできますし、子供も大人もテレビでサッカーを見ている。

野球はグローブなど用具にお金もかかります。キューバですらそういう状況です。キューバは「ベースボール5」という手打ち野球の普及を国を挙げてやっています。

野球界は「野球の未来」というキーワードでそれぞれが考える必要があるでしょう。

「球数制限」の問題も、そこにつながっていると思います。

初出一覧

本書の大部分は書き下ろしだが、過去に筆者が他のメディアに掲載した文章も一部収録している。これらの文章の初出を示す。

また2019年4月以降、本書執筆のために書いた文章のうち、一部は問題意識を喚起するため、ダイジェスト等を本書に先行してヤキュイク、東洋経済オンラインなどのネットメディアで発表した。これらについても示す。

【2章】

- 論1　「球数制限」を意識すると野球そのものが変わってくる　慶友整形外科病院慶友スポーツ医学センター長　古島弘三(ヤキュイク2019年5月22日、23日)

【3章】

- 論2　「球数制限」は必要だが、指導者も、投手も、もっと頭を使って、考えて練習すべきだ　浪速高校元監督　小林敬一良(ヤキュイク2019年6月12日)
- 論3　「球数制限」をきっかけに「野球の原点」をもう一度考えるべきだ　アジア野球連盟審判長　小山克仁(ヤキュイク2019年5月29日)

【4章】

- 論1　改革が始まった小、中学校野球。変われるところから変わっていこう！　堺ビッグボーイズ代表　瀬野竜之介(ヤキュイク2019年7月1日)
- 論2　2019年度から「球数制限」を導入したポニーリーグ。問題点は？課題は？　日本ポニーベースボール協会(ヤキュイク2019年5月8日、28日)

【6章】

- 論2　「球数制限」の議論が「スポーツマンシップ」の議論になればいい　日本スポーツマンシップ協会会長　中村聡宏(ヤキュイク2019年6月7日)
- 論3　「球数制限」の問題は、「野球の未来」をキーワードとして、野球界全体で考えるべき　スポーツ庁長官　鈴木大地(東洋経済オンライン　2019年6月29日)

おわりに

私は永年「インタビューをして、それを記事にする」仕事を続けてきた。話者の口調や思い、考えをそのまま文章化することを生業にしてきた。

しかし、今回は高度に専門的な内容や、センシティブな内容が含まれていたために「話したことをそのまま文章にする」だけでは済まない記事がたくさんあった。しかし、浅学菲才《せんがくひさい》ゆえ、それを直ちにリカバリーすることはかなわない。その部分は、取材対象の方々のお力に頼らざるを得なかった。取材に応じてくださった方の中には「自分が書いた方が早かった」とお感じになった方がいらっしゃったと思う。誠に申し訳なく思う。

しかし、そういうご迷惑をおかけした方も含め、皆さんの意見、熱意をまがりなりにも紙面に刻むことができたのは、望外の喜びではある。

また大森雄貴、豊川遼という若いライター仲間に執筆の機会を提供することができたことも喜ばしい。彼らのレポートは素晴らしい。

２０１９（平成31）年3月末にこの本の刊行を思い立ち、いきなり提案したところ快諾してくださった編集担当の啓文社書房の漆原亮太社長には、これまでもいろいろご迷惑をおかけしてきたが、今回も感謝の一語である。

この間に時代が令和になったことも感慨深い。

大好きな球場通いを封印して、野球の本を書くという矛盾をなだめつつ書いてきたが、脱稿して、ひさびさに野球を見に行こうと思う。

広尾晃

参考文献

- ジェフ・パッサン(著)、棚橋志行(翻訳)『豪腕 使い捨てされる15億ドルの商品』ハーパーコリンズ・ジャパン
- 牧野 直隆(著)『ベースボールの力 』毎日新聞社
- 松浦哲也、柏口新二、能勢康史(編集)『野球肘検診ガイドブック』文光堂
- 柏口新二、岡田知佐子(著)『野球ヒジ診療ハンドブック―肘の診断から治療,検診まで』全日本病院出版会
- 馬見塚 尚孝(著)『新版「野球医学」の教科書《The Baseball Medicine》』ベースボール・マガジン社
- 馬見塚 尚孝(著)『「野球医学」の教科書―致命傷になる前に対処！肩肘腰の野球障害から子どもを守る！』ベースボール・マガジン社
- 馬見塚 尚孝(著)『高校球児なら知っておきたい野球医学―肩肘腰痛の予防と対処』ベースボール・マガジン社
- 川島 堅 (著)『野球肩・野球ひじを治す本』マキノ出版
- 山本智章(著)『「野球ひじ」を治す・防ぐ・鍛える』マキノ出版
- 石橋秀幸、橋本健史(著)『新版 野球 肩・ひじ・腰を治す 野球障害で泣かない！』西東社
- 氏原 英明(著)『甲子園という病』新潮社
- 筒香 嘉智(著)『空に向かってかっ飛ばせ！ 未来のアスリートたちへ』文藝春秋
- 広瀬 一郎(著)『新しいスポーツマンシップの教科書 』学研教育出版
- 広瀬 一郎(著)『スポーツマンシップ立国論 ～今求められる人材育成戦略～』小学館
- 広瀬 一郎(著)『スポーツマンシップを考える』ベースボール・マガジン社
- 玉木 正之(著)『スポ-ツとは何か』 講談社
- 小林 信也(著)『高校野球が危ない！』草思社
- 軍司 貞則(著)『高校野球「裏」ビジネス』 ちくま新書
- 有山 輝雄(著)『甲子園野球と日本人―メディアのつくったイベント』吉川弘文館
- 中島 隆信(著)『高校野球の経済学』東洋経済新報社
- 手束 仁(著)『高校野球マネー事情』日刊スポーツ出版社
- 元永 知宏(著)『殴られて野球はうまくなる！？』講談社＋α文庫
- 上田 誠 (著)『エンジョイ・ベースボール―慶應義塾高校野球部の挑戦』 日本放送出版協会
- 辰濃 哲郎(著)『ドキュメント マイナーの誇り―上田・慶応の高校野球革命』日刊スポーツ出版社
- 阪長 友仁(著)『高校球児に伝えたい！ラテンアメリカ式メジャー直結練習法』東邦出版
- 中島大輔 (著)『中南米野球はなぜ強いのか――ドミニカ、キュラソー、キューバ、ベネズエラ、MLB、そして日本』 亜紀書房
- 大和 球士(著) 『真説日本野球史』ベースボール・マガジン社
- 鶴岡 一人(著)『御堂筋の凱歌―栄光と血涙のプロ野球史』ベースボール・マガジン社
- 友添秀則、清水諭(編集)『現代スポーツ評論38 特集：スポーツ教育の時代』創文企画
- 清水諭、友添秀則(編集)『現代スポーツ評論39 特集：スポーツマネジメント能力とは何か』創文企画
- 内田良(著)『ブラック部活動 子どもと先生の苦しみに向き合う 』東洋館出版社

【雑誌】

- 「週刊ベースボール」ベースボール・マガジン社
- 「Baseball Clinic(ベースボール・クリニック) 」ベースボール・マガジン社

【ネットメディア】

- 東洋経済オンライン　https://toyokeizai.net/
- Number Web　https://number.bunshun.jp/
- web Sportiva　https://sportiva.shueisha.co.jp/
- フルカウント　https://full-count.jp/
- ヤキュイク　https://baseballking.jp/yakyuiku

●著者略歴

広尾 晃（ひろお・こう）

1959年大阪市生まれ。立命館大学卒業。コピーライターやプランナー、ライターとして活動。日米の野球記録を取り上げるブログ「野球の記録で話したい」を執筆している。

著書に『野球崩壊 深刻化する「野球離れ」を食い止めろ！』『巨人軍の巨人 馬場正平』（ともにイースト・プレス）、『もし、あの野球選手がこうなっていたら〜データで読み解くプロ野球「たられば」ワールド〜』（オークラ出版）など。Number webでコラム「酒の肴に野球の記録」を執筆、東洋経済オンライン等で執筆活動を展開している。

球数制限

2019年８月15日　第１刷発行

著　者　広尾 晃
発行者　唐津 隆
発行所　株式会社ビジネス社
〒162-0805　東京都新宿区矢来町114番地 神楽坂高橋ビル5階
電話　03-5227-1602　FAX　03-5227-1603
http://www.business-sha.co.jp

印刷・製本／三松堂株式会社　〈カバーデザイン〉尾形忍（スパローデザイン）
〈本文組版〉茂呂田剛（エムアンドケイ）
〈編集担当〉漆原亮太（啓文社）　〈営業担当〉山口健志

ISBN978-4-8284-2124-7